ÉMILIE GUELPA

GOURMET-DESSERTS

Edle Kompositionen für Gäste

Aus dem Französischen
von Christine Frauendorf-Mössel

JAN THORBECKE VERLAG

Einführung

Nach einem Essen wird üblicherweise ein gutes Dessert serviert. Meistens handelt es sich dabei um einen – reichlich gehaltvollen – Kuchen, von dem unsere Gäste, gesättigt nach einer ausgiebigen Mahlzeit, nur pflichtschuldig eine kleine Kostprobe zu sich nehmen.

In der Restaurantszene allerdings findet gerade eine Stilwende statt. Als Desserts werden nicht mehr Kuchen oder Tartes, sondern sogenannte „Tellerdesserts" serviert, die auf einem Teller sehr unterschiedliche Komponenten zusammenstellen.

Kunstvoll angerichtet aus erlesenen Zutaten wird dieser Nachtisch in Frankreich „Dessert de cuisinier" genannt. Diese Zusammenstellung aus kleinen Desserts ist dabei weniger zuckerhaltig, bekömmlicher und schnell angerichtet, ein Genuss allein schon in der eleganten Form der Darreichung und die harmonisch abgestimmten Geschmacksvarianten. Dieser krönende Abschluss der Mahlzeit liegt nie zu schwer im Magen.

Ein Dessert je nach Stimmung und Laune der Köchin oder des Kochs, das sich ganz einfach zubereiten lässt.

Inhaltsverzeichnis

Gestaltung eines Tellerdesserts

Nachfolgend ein paar hilfreiche Grundregeln für das Anrichten eines Tellerdesserts.

AUSGEWOGENHEIT MIT 3 KOMPONENTEN

Das Knusprige

Das knusprige Element ist für ein Dessert wesentlich und gibt ihm Struktur. Es handelt sich hier um ganz einfache Zutaten oder kleine Zubereitungen, die sich in die Gesamtkomposition einfügen: zum Beispiel eine knusprige Nuss, ein Keks, ein Baiser, Streusel, ein Knuspermüsli usw. Keine Zeit, all das zuzubereiten? Zerstoßen Sie einfach einen Karamellkeks, einen Butterkeks oder Waffelröllchen, geben Sie ein Baiser dazu oder rösten Sie Haselnüsse 5 Minuten im Backofen.

Das Fruchtige

Für die Ausgewogenheit eines Nachtischs sind Früchte wichtig. Sie süßen ohne die Beigabe von Industriezucker und verleihen dem Nachtisch durch ihre Fruchtsäure eine gewisse Frische. Säure gleicht das süße Element aus und lässt die Aromen stärker hervortreten, sie verleiht der Süße erst ihren feinen Geschmack. Zu diesem Zweck eignen sich vor allem Zitrusfrüchte (in Form von Zesten und Schalenabrieb, geviertelt, geeist, als Ganache oder in Sahnecrèmes) und rote Beerensorten besonders gut.

Das Cremige

Crèmes und cremige Elemente machen einen Nachtisch erst zum Genuss, denn sie zergehen auf der Zunge und verbinden die einzelnen Bestandteile auf dem Dessert-Teller zu einem harmonischen Geschmackserlebnis. Ob mehr oder weniger flüssig oder mehr oder weniger sämig, die Crème gibt durch ihren Fettgehalt Fülle und Aroma: Sabayon, geschmolzene Schokolade, Schlagsahne in Maßen, andere geschäumte Zutaten …

Das cremige Element kann warm oder kalt serviert werden, es sorgt damit gelegentlich auch für einen Kontrast der Temperaturen.

DAS SAFTIGE

Gelegentlich wird einer Nachtischtrilogie auch ein eher kompaktes Element als Struktur- und Texturgeber hinzugefügt. Ist das knusprige Element besonders leicht und die Komposition eher säuerlich-fruchtig, kann Mandelgebäck, eine Madeleine oder ein saftiger Biskuit das Gesamtbild harmonisch vervollständigen.

DIE KUNST DER ZUSAMMENSTELLUNG

Ist einmal die Entscheidung über die drei bestimmenden Elemente gefallen und sind diese zubereitet, bleibt nur noch der alles entscheidende Teil: nämlich wie diese auf dem Teller angerichtet werden. Hier kommt es darauf an, wie die einzelnen Elemente zu einem schlüssigen Bild und nicht zu einem bloßen Nebeneinander von Zutaten arrangiert werden.
Ein harmonisches Ganzes sollte entstehen, das auch visuell die Ausgewogenheit der Geschmacksrichtungen und Texturen widerspiegelt. Daher sollte man bei der Zusammenstellung ungerade Zahlen bevorzugen.

Einige Faustregeln:

- Der Mengenkontrast: Einem Element wird die Hauptrolle zugewiesen, die anderen sind die Begleitung.
- Das Zusammenspiel der Farben: Das Dessert kann Ton in Ton komponiert sein, dies wird dann durch ein ganz leichtes Kontrastelement betont, z. B. durch einige Blätter. Ebenso gut kann man mit zwei vorherrschenden Farben spielen oder bunte Teller zusammenstellen.
- Die Anordnung: Man sollte sich nicht auf allzu komplizierte Formen auf dem Teller einlassen, da dies schnell zu einem chaotischen, strukturlosen Durcheinander führen kann. Es ist daher besser, die Zutaten in einfachen Kreisformen (mit Hilfe von Ausstechern) oder Linien und punktförmigen Akzenten anzurichten, die den Teller gliedern.

CREMIG
FRUCHTIG
KNUSPRIG

Der letzte Schliff: Kräuter und Blüten

Das Hinzufügen von Kräutern und weniger bekannten Blüten, wie zum Beispiel Minze, verleiht dem Arrangement auf dem Teller zusätzlich eine kunstvolle Note.

Zudem verhelfen Kräuter der Komposition zu einem interessanten, frischen Aroma (Pfeffer-, Anis- oder Zitronennoten passen besonders gut zu Früchten) und bereichern eine Zusammenstellung auf dem Teller visuell mit ihren unterschiedlichen Grüntönen, die einen angenehmen Kontrast zu den üblichen Crème-, Weiß-, Rot- und Brauntönen eines Nachtischs bilden.

Essbare Blüten können im Haus gezogen werden (Borretsch oder Korianderblüten sind einfach zu ziehen). Sie sind im Internet oder bei guten Gemüsehändlern erhältlich.

Hier nur einige Beispiele:

Bohnenkraut: Wählen Sie kräftig grüne und frische Blätter. Sie geben Ihrem Dessert eine leicht pfeffrige Note.

Minze: Es ist wohlbekannt, wie gut die Minze mit roten Früchten harmoniert. Darüber hinaus passt sie auch ausgezeichnet zu Zitrusfrüchten. Verwenden Sie die unterschiedlichsten Sorten: Pfefferminze, Basilikum-Minze, Bergamotte-Minze, usw.

Basilikum: Zwar ein Klassiker für salzige Gerichte, passen Basilikumblätter dennoch ebenso großartig zu frischen roten Früchten. Verwenden Sie vorzugsweise kleine Blätter. Auch rotblättrige Basilikumsorten eignen sich ausgezeichnet.

Dill und Fenchel: Sie duften und schmecken frisch und leicht nach Anis. Da die Blätter von Dill ausgesprochen zart und filigran sind, setzen sie ästhetische und dekorative Akzente.

Borretsch: Neben dem Kraut sind auch die kleinen Blüten essbar. Sie haben ein gurkenähnliches Aroma. Borretsch lässt sich problemlos im Topf ziehen: Werden die Samen im März ausgesät, können die Blüten den ganzen Sommer über geerntet werden.

Korianderblüten: Kleine weiße Blütendolden entfalten sich kurz vor der Samenbildung. Falls Sie Koriander auf dem Balkon ziehen, sollten Sie beachten, dass die Blüten einen sehr gewöhnungsbedürftigen Geruch verströmen, der nicht jedem gefällt … Verwenden Sie in diesem Fall lieber Karotten- oder Fenchelblüten mit unauffälligerem Duft. Man verwendet sie in jedem Fall sparsam.

Holunderblüten: Diese zarten, weißen oder crèmefarbenen Doldenblüten, die vor der Fruchtbildung entstehen, sind vielleicht die bekanntesten essbaren Blüten, köstlich auch als Sirup oder zusammen mit Beerenfrüchten.

Feste Zutaten vorbereiten

Bei Tellerdesserts hängt alles von der Zusammenstellung und dem Stil des Anrichtens ab. Organisiert man (wenn möglich) die Zubereitung der einzelnen Zutaten im Voraus, geht das Anrichten auf dem Teller im letzten Augenblick flüssiger und schneller von der Hand. Kurz vor dem Servieren muss dann alles nur noch zusammengestellt werden. Das heißt, viele Arbeitsgänge werden vorweg erledigt, die vorbereiteten Elemente in kleinen Gefäßen oder die Crèmes in Spritztüten im Kühlschrank bereitgehalten und im letzten Augenblick hervorgeholt.

BEERENFRÜCHTE AUFSCHNEIDEN

Wählen Sie vorzugsweise Früchte der Jahreszeit und vor allem kleine und reife Exemplare. Erdbeeren werden geviertelt oder in Scheiben geschnitten, Himbeeren und Walderdbeeren der Länge nach halbiert. Walderdbeeren wirken am besten, wenn sie in der Mitte geteilt ihr perlweißes Inneres zeigen, während Brombeeren ein rosafarbenes bis leicht violett schimmerndes Inneres besitzen.

PHYSALIS AUFSCHNEIDEN

Diese kleinen, delikaten Früchte, die meistens in ihrer kleinen „Laterne“ dargeboten werden, wirken halbiert oder in Scheiben geschnitten noch dekorativer. Die winzigen Samen im Fruchtinneren sind hübsch angeordnet; außerdem verbindet sich ihr leicht säuerliches Aroma harmonisch mit Frucht- oder Eiscrèmes. Dieselbe Schnitttechnik empfiehlt sich auch für Kumquats, doch sollten Sie diese aufgrund ihrer bitteren Note nur sparsam verwenden.

FEINE BRÖSEL UND STREUSEL

In einem Mörser lassen sich hübsche Streusel aus Plätzchen oder Keksen herstellen, die im Handumdrehen als knusprige Elemente eines Desserts verwendet werden können. So lässt sich zum Beispiel eine Kugel Eis mit feinen Karamellkeks-Bröseln oder knusprigen Splittern von Waffelröllchen überziehen. Mit Bröseln von bretonischen Salzbutterkeksen entsteht im Handumdrehen die Andeutung eines Crumbles. Auch im Mörser zerstoßene Nüsse wie Pistazien, Hasel- oder Walnüsse sorgen für einen besonderen Akzent, wenn sie ganz zum Schluss über ein Dessert gestreut werden.

ZITRUSFRÜCHTE FILETIEREN

Um appetitlich anzusehende Filets von Zitrusfrüchten ohne Schalenreste und Trennhäute zu erhalten, gibt es eine einfache Technik: Das obere und das untere Ende der Frucht abschneiden. Mit dem Messer quer unter der Trennhaut ansetzen und von oben nach unten entlang der Rundung schneiden, so dass alle Schalen entfernt werden, von der weißen Haut darf nichts zurückbleiben. Dann die Messerklinge parallel zur Mittelachse der Frucht führen und dabei die einzelnen Filets zwischen den Trennhäuten herausschneiden.

Weiche und flüssige Zutaten anrichten

Dies ist der Schlüssel zu einem ästhetisch angerichteten Tellerdessert. Wenn man sich vorher die Anordnung bildlich vorstellt, geht die Umsetzung schnell von der Hand. Hier ein paar Techniken für ein schönes Ergebnis.

NOCKEN

Für schöne Nocken muss eine Crème oder ein Eis eine gute Textur aufweisen. Das heißt, Eiscrème muss formbar (30 Minuten vor dem Servieren aus dem Eisfach in den Kühlschrank stellen) und Sahnecrème steif geschlagen sein. Für das Formen von Nocken gibt es zwei Techniken.

Bei einer tieferen Schale – zum Beispiel die einer Eismaschine – tauchen Sie einen tiefen Suppenlöffel in das Eis, trennen eine Portion ab und rollen diese mit dem Löffel den Rand der Eisschüssel hoch. Jetzt hat das Eis die Form des Löffels und ergibt eine dekorative, perfekte Nocke.

Die zweite und einfachere Methode ist es, zwei Suppenlöffel zu verwenden. Tauchen Sie dabei einen Löffel in die Crème oder das Eis, stechen Sie eine Nocke ab und lassen den zweiten Löffel unter die Nocke gleiten. Wiederholen Sie dies mehrfach, mit dem jeweils anderen Löffel, so dass die Nocke von Löffel zu Löffel wechselt, bis sie die perfekte Form angenommen hat.

EISKUGELN

Die klassische Eiskugel aus dem Eisportionierer hat Volumen und kann das zentrale Element auf dem Teller bilden. Für ein raffiniert arrangiertes Dessert nimmt man einen Kugelausstecher, mit dem sich eine kleine, wohlgeformte Kugel abtrennen lässt. Da Eis schnell schmilzt, setzen Sie die Eiskugeln oder Eisnocken auf einen trockenen Untergrund wie Streusel oder Knusperflocken, diese zögern das Schmelzen hinaus.

SPRITZTÜTEN

Crèmes und Schlagsahne wirken edler, wenn sie mit der Spritztüte auf den Teller gespritzt werden. Dazu wird die Crème unmittelbar nach der Zubereitung in einen Spritzbeutel gefüllt und kaltgestellt, um sie im Moment des Anrichtens fertig zur Hand zu haben. Beim Spritzen eine Hand unter die Spritztülle legen, so dass diese eine Neigung von ungefähr 45° einnimmt, während man mit der anderen Hand das Ende des Spritzbeutels zudreht und dann behutsam zusammendrückt, damit die Crème austritt.

ZESTEN UND ABRIEB VON ZITRUSFRÜCHTEN

Zitruszesten mögen klein und unwichtig erscheinen, spielen jedoch bei Desserts eine große Rolle!

Allem voran sind sie wichtige Aromageber, denn frisch geriebene Orangen- oder Zitronenschale duftet intensiv und verleiht zum Beispiel Crèmes ein Aroma, das von Ihren Gästen sofort wahrgenommen wird.

Außerdem runden Zesten oder geriebene Zitrusschalen mit ihrer bitteren, leicht säuerlichen Note ein Gericht ab.

Schließlich sind sie je nach der verwendeten Zitrusfrucht auch Farbgeber für Gelb-, Orange- , Rosa- oder auch Grüntöne.

Haben Sie die Möglichkeit, seltenere Zitrusfrüchte, wie zum Beispiel die Kaffir-Limette, Buddhas Hand oder eine Zitrone aus Menton zu bekommen, werden Sie erleben, wie verschieden, delikat und fein abgestuft der Duft (und damit auch der Geschmack) der einzelnen Sorten ausfallen kann. Eine richtig dosiert verwendete Kaffir-Limette, zum Beispiel, erweist sich als ausgesprochene Delikatesse. In zu großen Mengen allerdings kann sie sogar Übelkeit erregen.

Verwenden Sie für den Schalenabrieb vorzugsweise Microplane-Reiben. Damit wird dieser besonders fein und angenehm im Mund.

Darüber hinaus ist es ratsam, für diesen Zweck ausschließlich unbehandelte Bio-Zitrusfrüchte zu verwenden, die vor dem Abrieb heiß abgewaschen und abgetrocknet werden.

Reiben Sie die Früchte nicht bis auf die weiße Schale ab, denn diese ist ausgesprochen bitter.

SIRUP

Ein Sirup macht einen Nachtisch häufig erst zur Nascherei, zudem gibt er den Zutaten einen appetitlichen Glanz und mildert den Geschmack zu saurer oder noch nicht ganz reifer Früchte ab. Dennoch sollte Sirup sparsam verwendet werden, um die Ausgewogenheit eines Nachtischs nicht zu stören.

Das Grundrezept besteht aus der Mischung von 100 g Zucker mit 50 ml Wasser. Diese in einem Stieltopf zum Kochen bringen und anschließend einige Minuten reduzieren. Vorsicht! Die Flüssigkeit darf nicht karamellisieren, sie muss klar und durchsichtig bleiben. Während des Kochens kann man noch aromatisierende Zutaten hinzugeben: zum Beispiel das Mark einer Vanilleschote.

Für einen Sirup aus roten Beeren gibt man einige Johannis- oder Himbeeren in die Zuckerlösung und entlockt den Früchten durch kräftiges Rühren ihren Saft.

Ist der Sirup zu dickflüssig, verdünnt man ihn mit etwas Wasser.

Fehlt die Zeit, einen Sirup selbst herzustellen, benutzen Sie fertigen Rohrzuckersirup aus der Flasche (zum Beispiel von Monin).

AROMATISIERTE ÖLE

Zu diesem Zweck mischt man Öle mit Agavensirup und gibt etwas Vanille oder Kräuter, wie zum Beispiel Basilikum, dazu. Anschließend mit dem Mixer aufschlagen. Die Mixtur dann in feinem Strahl über das Dessert gießen. Sie gibt dem Dessert Tiefe, besonders den säuerlichen Zutaten. Olivenöl passt besonders gut zu Zitroneneis.

Ein Tellerdessert zusammenstellen

1. SCHRITT: SCHWERPUNKTE FESTLEGEN

Bevor Sie mit dem Arrangement eines Desserts beginnen, können Sie zur eigenen Orientierung eine Skizze anfertigen. Zeichnen Sie die Komponenten mit geometrischen Formen in Bezug auf ihre Größe, so wird die Umsetzung einfacher.

Der erste Schritt um ein Dessert schön zu arrangieren ist es, die Zutaten mit dem größten Volumen zu platzieren, denn sie bilden die Grundstruktur der Komposition. Wählen Sie zunächst die wichtigste Masse aus. Das können zum Beispiel drei Baiser-Tupfer sein, die die Mittelachse vorgeben, um die anschließend die anderen Zutaten gruppiert werden.

2. SCHRITT: DIE CRÈMES

Den kompakten Elementen und Formen werden die Crèmes hinzugefügt – und zwar vor der Zugabe von Früchten, um diese an ihrem Platz zu halten, ohne sie zu überdecken.

Im Allgemeinen wirken Crèmes edler, wenn sie mit dem Spritzbeutel auf den Teller gesetzt werden. Dabei können Sie durch unterschiedliche Spritztüllen (Sterntülle, Saint-Honoré-Tülle, Rundtülle) die Form variieren, aber vor allem auch die Größen.

Das Spiel mit unterschiedlichen Größen erzeugt optische Abwechslung und geschmackliche Ausgewogenheit auf dem Dessertteller. Es ist einfach kein schönes Gefühl im Mund, wenn ein Ungleichgewicht zwischen den Grundelementen besteht, etwa zuviel Sahne!

Für die Garnierung mit Hilfe eines Spritzbeutels siehe Seite 10.

3. SCHRITT: ANORDNUNG DER FRÜCHTE

Im Anschluss an die Crèmes werden die Früchte oder die weiteren Elemente auf dem Teller verteilt.

Zögern Sie dabei nicht, mit Größen, Formen und Farben zu variieren. In Bezug auf die Größe und Form der Früchte finden Sie Ratschläge auf den Seiten 8–9.

Bei der Verteilung der Früchte sollten die bereits vorhandenen Elemente dazu dienen, diese in Position zu halten.

Bei diesem Schritt können Sie auch „hohe" Elemente wie Mandelplätzchen, Waffelröhrchen usw. platzieren, die nachher über den anderen liegen. Sie sollen knusprig bleiben und werden daher erst im letzten Moment hinzugefügt.

4. SCHRITT: DER LETZTE FEINSCHLIFF: KRÄUTER, BLÜTEN, ZESTEN

Das ist der letzte Schritt! Die abschließende Note mit einem Hauch von Zitrusabrieb, essbaren Blüten, hübschen Kräuterblättern … Das ist Ihrer Phantasie überlassen!

Jetzt dürfen auch etwas Sirup, Gelee, Schaum und Mousse letzte Akzente setzen, um das Gemälde auf dem Teller abzurunden.
Es ist die Hand des Küchenchefs, die aus einem Dessert ein echtes Kunstwerk auf dem Teller macht.

Werfen Sie einen letzten Blick auf die Teller! Sind alle Elemente vertreten? Haben Sie nichts vergessen? Dann zu Tisch!

Grundrezepte für 4 Desserts auf einem Teller

BAISER

2 Eiweiß
70 g Kristallzucker
70 g Puderzucker

Eiweiß zu Schnee schlagen. Ist der Schnee reinweiß und steif, den Zucker einrieseln lassen und 2 Minuten weiterschlagen, bis die Eischneemasse seidig glänzt. Den gesiebten Puderzucker hinzufügen und mit einem Spatel vorsichtig unterheben. Die Masse in einen Spritzbeutel füllen und kleine Baiserhäufchen auf ein mit Backpapier ausgelegtes Backblech spritzen. Bei 90 °C 1 Stunde und 30 Minuten backen.

Variationen beim Anrichten: Mini-Baisers von 2 cm Durchmesser (Lochtülle 6 mm Durchmesser), kleine Baisers mit 4 cm Durchmesser (Lochtülle 10 mm Durchmesser), Rosetten-Baisers (Sterntülle) …

STREUSEL

80 g Mehl
80 g Butter
80 g Rohrzucker
2 Messerspitzen Meersalz (Fleur de Sel)

Sämtliche Zutaten in einer Schüssel mit den Fingern vermischen.

Alles zu einem mehr oder weniger grob-bröseligen Teig verarbeiten.

Die Streusel auf einem mit Backpapier ausgelegten Backblech verteilen. Bei 180 °C 10 Minuten backen. Die Streusel sollten hellbraun sein. Kalt werden lassen. Beim Anrichten soweit zerkrümeln, bis der gewünschte Effekt erzielt ist.

Variationen beim Anrichten: Die Streusel können von feinem Sand bis zu groben Stücken variieren.

CRÈME CHANTILLY

100 ml gut gekühlte Schlagsahne
100 g Mascarpone
20 g Puderzucker

Die Sahne 5 Minuten mit dem Rührmixer schlagen, bis sie andickt. Anschließend Mascarpone und Puderzucker portionsweise hinzugeben und weiter schlagen, bis eine dicke Crème entstanden ist.

Variationen beim Anrichten: Die Crème in Nockenform, als Häufchen (Rundtülle 10 mm Durchmesser), als Tropfen (Rundtülle 6 mm Durchmesser), als Rosetten (Sterntülle) servieren.

SORBET ODER GRANITA

500 g Früchte
100 ml Wasser
50 g Zucker

Die Früchte mit dem Zucker und dem Wasser gut durchpürieren. Die Mischung abschmecken. Je nach der Säure der Früchte etwas Puderzucker hinzufügen. Für ein Eis in eine Eismaschine geben. Für eine Granita für mindestens 2 Stunden in eine flache Schale füllen und in das Gefrierfach stellen, dabei alle 30 Minuten mit einer Gabel grob zerkleinern.

Variationen beim Anrichten: Eis als Nocken, Kugeln, Minikugeln (Kugelausstecher); Granita in groben Kristallen über den Teller verteilen.

VORBEREITUNG: 10 MINUTEN • ANRICHTEN: 15 MINUTEN

Variation vom Obstsalat

KNUSPRIG	FRUCHTIG	KRÄUTER
HIPPEN	WASSERMELONE, ROTE FRÜCHTE, PHYSALIS	BASILIKUM, ZITRONENVERBENE

FÜR 4 TELLER

1 Wassermelone
2 Stängel frisches Basilikum
1 EL Olivenöl
1 EL Rohrzucker-Sirup
1 Schälchen Erdbeeren
8 Physalen
1 Schälchen Himbeeren
1 Schälchen rote Johannisbeeren
einige schwarze Johannisbeeren
4 Hippen
1 Zweig frische Zitronenverbene

KANN VORAB ZUBEREITET WERDEN

Basilikum-Sirup (hält sich im Kühlschrank 1 Tag)

Wassermelonenscheiben (halten sich im Kühlschrank 1 Tag)

geschnittene Früchte (am selben Tag schneiden und kühl halten)

FERTIG ZU KAUFEN

Hippen

Von der Wassermelone vier Scheiben 2 cm dick abschneiden. Ein Glasschälchen umgekehrt auf eine Scheibe legen und mit einem scharfen Messer außen herum einen Kreis ausschneiden. Ein Glas mit kleinerem Durchmesser ebenfalls umgekehrt in die Mitte des ausgeschnittenen Kreises stellen und einen inneren Kreis herausschneiden, so dass ein Ring entsteht. Diese Vorgänge bei den übrigen drei Melonenscheiben wiederholen. Die Basilikumblätter mit dem Olivenöl pürieren. Den Rohrzuckersirup dazu geben und weiter mixen. Wenn nötig durch ein Sieb geben, dann in ein kleines, verschließbares Glas gießen. Die Erdbeeren waschen, die Kelchblätter mit Stiel entfernen und die Früchte halbieren. Die Physalisbeeren in dünne Scheiben schneiden, die Johannisbeeren von den Stielen lösen und abbrausen.

ANRICHTEN: Je eine Wassermelonenscheibe in die Tellermitte legen und die Früchte abwechselnd auf dem Melonenrand so drapieren, dass auch farblich ein harmonisches Bild entsteht. Immer wieder mal Splitter einer Hippe oder ein Verbenenblatt zwischen zwei Früchte stecken. Die Vinaigrette noch einmal mit einer Gabel aufschlagen und einige Tropfen in die Öffnung in der Mitte der Melonenscheibe geben.

Sofort servieren.

Tipp: Aus dem Rest der Melone eine Granita herstellen! (siehe Seite 15)

VORBEREITUNG: 10 MINUTEN • ANRICHTEN: 15 MINUTEN

Schwarzwälder-Kirsch-Improvisation

KNUSPRIG	CREMIG	FRUCHTIG	SAFTIG
SCHOKO-SPÄNE	CRÈME CHANTILLY	KIRSCHEN	BISKUIT

FÜR 4 TELLER
100 ml Schlagsahne
100 g Mascarpone
20 g Puderzucker
80 g Süßkirschen
50 g dunkle Schokolade
500 ml Kirsch-Eis

SCHOKOLADEN-BISKUIT
50 g dunkle Schokolade
15 g Mehl
35 g Zucker
30 g gemahlene Mandeln
1 Prise Salz
2 Eiweiß

KÜCHENUTENSILIEN
1 Spritzbeutel + kleine Rundtülle,
4 Muffinförmchen aus Papier

KANN VORAB ZUBEREITET WERDEN
Crème Chantilly (hält sich gekühlt 5 Stunden)
Kirschen, halbiert (am selben Tag schneiden, kühl halten)
Biskuitteig (hält sich roh 5 Stunden)

FERTIG ZU KAUFEN
Profi-Schlagsahne (ohne Mascarpone)
Kirsch-Eis

Für den Biskuit die Schokolade in der Mikrowelle oder im Wasserbad zu einer glatten Crème schmelzen. Mehl, Zucker, gemahlene Mandeln und Salz gut mischen. Die geschmolzene Schokolade einrühren. Eiweiß sehr steif schlagen und vorsichtig unter die Schoko-Mischung heben. Die Papier-Muffinförmchen zum Abstützen in kleine Glasschälchen, Soufflé-Formen o. Ä. stellen und jedes mit einem Viertel des Schoko-Biskuit-Teigs befüllen. Dann die Muffinförmchen nacheinander jeweils 30 Sekunden in die Mikrowelle stellen. Erkalten lassen.

Die Sahne mit dem Handmixer 5 Minuten aufschlagen, bis sie andickt. Den Mascarpone und den Zucker in kleinen Portionen nacheinander unterheben, bis eine sämige Crème entsteht. In eine Spritztüte füllen und kaltstellen.

Die Kirschen halbieren und vorsichtig entsteinen. Den Biskuit aus den Formen nehmen und mit dem Messer in grobe Stücke schneiden. Ebenfalls mit einem Messer Späne von der Schokolade hobeln.

ANRICHTEN: Die Schoko-Biskuitstücke mit den Kirschen, einigen Klecksen Crème Chantilly, Schoko-Spänen und einer Nocke Kirsch-Eis auf dem Teller anrichten.

VORBEREITUNG: KEINE • ANRICHTEN: 10 MINUTEN

Heidelbeeren & Faisselle

KNUSPRIG	CREMIG	FRUCHTIG	KRÄUTER
KARAMELLISIERTER MANDEL-KROKANT, WAFFELRÖLLCHEN	FRANZ. SAHNEQUARK	HEIDELBEEREN	ESTRAGON

FÜR 4 TELLER

500 g Faisselle (franz. Quarksorte, entspricht ungefähr unserem Schichtkäse)
1 Schale Heidelbeeren
4 Waffelröllchen
15 g Krokant
1 Zweig frischer Estragon
4 TL Honig

KÜCHENUTENSILIEN

runde Ausstechform, 11 cm Durchmesser

FERTIG ZU KAUFEN

Waffelröllchen
Krokant-Mischung

ANRICHTEN: Den runden Ausstecher in die Mitte eines Tellers legen. Eine dicke Schicht Faisselle oder Schichtkäse einfüllen. Den Ausstecher abnehmen und den Quark mit Heidelbeeren umrahmen. Die Waffelröllchen in Splitter brechen und zwischen die Heidelbeeren drapieren. Um die Heidelbeeren den Krokant auf den Quark streuen. Kleine Estragonblätter darüber geben. Den Quark mit dünnen Honigfäden überziehen.

Tipp: Die Heidelbeeren können durch andere Beerenfrüchte oder auch durch Zitrusfrüchte (Orangenfilets, siehe Seite 9) ersetzt werden.

Faisselle ist ein französischer Quark, der besonders frisch und saftig ist. Man kauft ihn im Körbchen in seiner Molke hängend und lässt ihn dann vor der Zubereitung abtropfen. In Deutschland gibt es ihn z.B. von Rians zu kaufen, ersatzweise kann man Schichtkäse verwenden oder Tworog aus dem russischen Spezialitätenregal.

VORBEREITUNG: 10 MINUTEN • ANRICHTEN: 10 MINUTEN

Zitrusfrüchte & Beeren

KNUSPRIG	CREMIG	FRUCHTIG	KRÄUTER
WAFFELRÖLLCHEN	ERDBEEREIS	GRAPEFRUIT, ORANGE JOHANNISBEEREN	DILL

FÜR 4 TELLER

2 Orangen
1 Grapefruit
1 Schälchen Rote Johannisbeeren
500 ml Erdbeereis
4 Waffelröllchen
1 Stängel Dill
1 Zitrone

KANN VORAB ZUBEREITET WERDEN

Filets von Zitrusfrüchten (halten sich im Kühlschrank 1 Tag)

FERTIG ZU KAUFEN

Waffelröllchen
Erdbeereis

Die Orangen und die Grapefruit filetieren. Das obere und das untere Ende der Frucht abschneiden. Mit dem Messer quer unter der Trennhaut ansetzen und von oben nach unten entlang der Rundung schneiden, so dass alle Schalen entfernt werden, von der weißen Haut darf nichts zurückbleiben. Dann die Messerklinge parallel zur Mittelachse der Frucht führen und dabei die einzelnen Filets zwischen den Trennhäuten herausschneiden. Einige Johannisbeeren abbrausen und von den Rispen trennen.

ANRICHTEN: Die Orangen- und Grapefruitfilets auf einem Teller arrangieren. Aus dem Erdbeereis unterschiedliche Formen herausschneiden und zwischen die Filets legen. Einige Rote Johannisbeeren (bei Bedarf mit etwas Zucker), einige Dillspitzen, Splitter von Waffelröllchen und Zitronenzesten darüber streuen.

VORBEREITUNG: 15 MINUTEN • ANRICHTEN: 10 MINUTEN

Geeiste Wassermelone

KNUSPRIG	**FRUCHTIG**	**KRÄUTER & BLÜTEN**
MANDELN, GRANITA	HONIGMELONE, MANGO, ERDBEEREN, JOHANNISBEEREN, WASSERMELONE	DILL, MINZE, PHLOXBLÜTEN

FÜR 4 TELLER

Einige Grüne bzw. frische Mandeln (April-Mandeln)
1 Wassermelone
Saft einer Zitrone
100 g Puderzucker
1 Schälchen Erdbeeren
1 Schälchen Johannisbeeren
1 reife Mango
1 reife Honigmelone
etwas Dill
einige Minzeblätter
einige Phloxblüten

KÜCHENUTENSILIEN

Handmixer
Kugelausstecher

KANN VORAB ZUBEREITET WERDEN

Kugeln von Honigmelone und Mango (gekühlt, vom selben Tag)
Erdbeeren, geschnitten (gekühlt vom selben Tag)
Grüne Mandeln (halten sich in Wasser gelegt 2 Tage)

FERTIG ZU KAUFEN

Grüne Mandeln (April-Mandeln) der Saison

Die Grünen Mandeln in der Schale am Vorabend in eine Schüssel mit frischem Wasser legen.

Die Wassermelone schälen und die Kerne entfernen. Das Melonenfleisch mit dem Zitronensaft und Puderzucker pürieren. In eine flache Schale füllen und mindestens 1 Stunde in das Gefrierfach stellen.

Die Erdbeeren waschen, Blattkelche und Stiele entfernen und die Früchte der Länge nach in Scheiben schneiden. Die Johannisbeeren abbrausen. Die Mango schälen. Die Honigmelone halbieren und die Kerne entfernen. Mit einem Kugelausstecher Kugeln von Melone und Mango ausstechen. Mandeln aus dem Wasser nehmen und schälen (mit einem Messer an der Schmalseite aufhebeln). Nur die noch unreifen, weißen Kerne verwenden; diese halbieren.

ANRICHTEN: Die Melonen- und Mangokugeln abwechselnd auf einem Teller im Kreis arrangieren. Je eine Erdbeerscheibe zwischen die einzelnen Kugeln legen. Die Granita aus dem Gefrierfach nehmen, mit einer Gabel grob zerkleinern und in die Tellermitte häufeln. Etwas Dill, Minze, Phloxblüten, Johannisbeeren und die Mandelkerne darüber streuen. Sofort servieren.

Tipp: Wenn möglich Weiße Johannisbeeren verwenden. Anderenfalls durch Rote Johannisbeeren ersetzen.

April-Mandeln sind bei uns eine seltene Köstlichkeit, die es nur wenige Wochen gibt, vor allem in der Pfalz. Sie werden unreif, mit ihrer pelizigen Schale geerntet und schmecken milder und sahniger als reife Mandeln.

VORBEREITUNG: 15 MINUTEN • ANRICHTEN: 10 MINUTEN

Granola & Joghurt

KNUSPRIG	CREMIG	FRUCHTIG	BLÜTEN
GRANOLA	GRIECHISCHER JOGHURT	BEEREN	KORIANDERBLÜTEN

FÜR 4 TELLER

15 g Kürbiskerne
50 g Buchweizenflocken
20 g gehackte Haselnüsse
1 TL Sesam-Samen
1 EL Leinsamen
3 EL Honig
4 EL Kokosöl (oder Rapsöl)
1 Schälchen Erdbeeren
500 g griechischer Joghurt
20 g Puderzucker
1 Schälchen Himbeeren
1 Schälchen Johannisbeeren
Korianderblüten

KÜCHENUTENSILIEN

Antihaft-Backmatte oder Backpapier

KANN VORAB ZUBEREITET WERDEN

Granola (hält sich in einem luftdicht verschlossenen Behälter 1 Woche)

Früchte (geschnitten vom selben Tag und gekühlt aufbewahrt)

FERTIG ZU KAUFEN

Granola (Knuspermüsli ohne Zucker)

Den Backofen auf 160 °C vorheizen. Kürbiskerne, Buchweizenflocken, gehackte Haselnüsse, Sesam-Samen und Leinsamen mischen. Honig und Kokosöl dazu geben und gut durchmischen, bis alle trockenen Zutaten davon umhüllt sind. Die Masse ungefähr 1 cm dick auf einem mit Backpapier (oder einer Backmatte) ausgelegten Backblech verteilen. 10 Minuten im Ofen backen. Immer wieder nachsehen und nach der Hälfte der Zeit die Masse erneut durchmischen. Das Knuspermüsli sollte eine goldgelbe Farbe haben. Erdbeeren und Himbeeren entstielen, waschen und halbieren.

ANRICHTEN: 4 Löffel griechischen Joghurt auf jedem Teller verteilen und mit Puderzucker bestreuen. Granola, die Früchte und die Korianderblüten darüber streuen.

Tipp: Bereiten Sie eine größere Menge Granola zu und essen Sie es zum Frühstück. Es hält sich lange in einem luftdicht verschlossenen Behälter.

VORBEREITUNG: 40 MINUTEN • ANRICHTEN: 15 MINUTEN

Pavlova mit roten Beeren

KNUSPRIG	CREMIG	FRUCHTIG	KRÄUTER & BLÜTEN
BAISER	CRÈME CHANTILLY	ROTE BEEREN, PHYSALIS	MINZE, SELLERIEBLÜTEN, KIRSCHBLÜTEN

FÜR 4 TELLER
1 Schale Erdbeeren
1 Schale Himbeeren
1 Schale Johannisbeeren
8 Physalisbeeren
1 Zweig Minze
einige Sellerieblüten
einige Kirschblüten

BAISERMASSE
2 Eiweiß
70 g Kristallzucker
70 g Puderzucker

CRÈME CHANTILLY
100 ml gut gekühlte Schlagsahne
100 g Mascarpone
20 g Puderzucker
1 Limette

KÜCHENUTENSILIEN
Spritztüte + große und kleine Rundtülle

KANN VORAB ZUBEREITET WERDEN
Baisers (halten in einem luftdicht verschlossenen Behälter 1 Woche)
Crème Chantilly (hält sich im Kühlschrank 5 Stunden)

FERTIG ZU KAUFEN
Baisers
Profi-Sprühsahne (statt Crème Chantilly)

Die Baisers zubereiten. Dazu die Eiweiße sehr steif schlagen. Ist der Schnee reinweiß und fest, den Zucker einrieseln lassen und dabei 2 Minuten weiterschlagen, bis der Schnee seidig glänzt. Den Puderzucker darüber sieben und mit einem Spatel vorsichtig unter den Eischnee heben. Die Masse in eine Spritztüte mit großer Rundtülle füllen und Baisers auf ein mit Backpapier ausgelegtes Backblech spritzen. 1 Stunde und 30 Minuten bei 90 °C trocknen.

Mit dem Handmixer die Schlagsahne 5 Minuten schlagen, bis sie dicklich zu werden beginnt. Den Mascarpone, den Puderzucker und den Limettenabrieb portionsweise unter ständigem Schlagen dazugeben, bis die Crème steif ist. In einen Spritzbeutel mit kleiner Rundtülle füllen.

Die Erdbeeren waschen, den Blattkelch und die Stiele entfernen. Die Früchte vierteln. Die Physalen in feine Scheiben schneiden.

ANRICHTEN: Jeweils 3 Baisers auf einem Teller verteilen und einige Häufchen Crème Chantilly dazugeben. Die Erdbeeren, die anderen Beeren und die Physalisscheiben um die Baisers und die Crème Chantilly arrangieren. Zuletzt die essbaren Blüten von Sellerie und Kirschen sowie einige Minzeblätter darüberstreuen.

VORBEREITUNG: 20 MINUTEN • ANRICHTEN: 15 MINUTEN

Brombeer-Reigen

KNUSPRIG	CREMIG	FRUCHTIG	BLÜTEN
ROSA BISKUIT „ROSE DE REIMS"	WEISSE SCHOKOLADE	BROMBEEREN, PHYSALIS	ROSA STEINKRAUT (ALYSSUM)

FÜR 4 TELLER

500 g Brombeeren + 1 Schälchen zum Dekorieren
50 ml Wasser
100 g Zucker
1 Blatt Gelatine
200 ml gut gekühlte Schlagsahne
150 g weiße Schokolade
8 Physalisbeeren
4 Kekse „Rose de Reims"
einige Blüten von rosafarbenem Steinkraut *(Alyssum)*

KÜCHENUTENSILIEN

Eine Spritztüte + mittelgroße Sterntülle

KANN VORAB ZUBEREITET WERDEN

Brombeermousse (hält sich im Kühlschrank 1 Tag)

FERTIG ZU KAUFEN

Gebäck „Rose de Reims"

500 g Brombeeren, Wasser und Zucker in einen Stieltopf füllen. Bei mittlerer Hitze 10 Minuten zu einer sirupartigen Fruchtsauce einkochen. Die Gelatine 2 Minuten in kaltem Wasser einweichen. Anschließend in die Fruchtsauce einrühren, sodass sie sich vollkommen auflöst. Vom Feuer nehmen. Durch ein feines Sieb passieren. Erkalten lassen.

Die Sahne mit dem Handmixer steif schlagen. Weiter schlagen und dabei portionsweise die Fruchtmischung hinzugeben. Die Crème in eine Spritztüte mit Sterntülle füllen und in den Kühlschrank legen.

Vor dem Servieren die weiße Schokolade vorsichtig im Wasserbad schmelzen und die Physalen in Scheiben schneiden.

ANRICHTEN: Etwas lauwarme, geschmolzene weiße Schokolade auf einen Teller streichen. Die Brombeeren, die Brösel von einem rosa Biskuitkeks und die halbierten Physalisbeeren daraufsetzen. Einige Rosetten Brombeermousse in die Zwischenräume spritzen. Je nach Wunsch mit den essbaren Blüten bestreuen.

VORBEREITUNG: 15 MINUTEN • ANRICHTEN: 15 MINUTEN

Arme Ritter mit Sommerbeeren

KNUSPRIG	**CREMIG**	**FRUCHTIG**	**KRÄUTER**
ARME RITTER	GRIECHISCHER JOGHURT	ROTE BEEREN	BERGBOHNENKRAUT ODER MINZE

FÜR 4 TELLER

500 g Erdbeeren
50 g Puderzucker
50 g Butter
2 Scheiben Brioche, 3 cm dick
25 g Vollrohrzucker (Mascobado)
500 g griechischer Joghurt
1 Schälchen Himbeeren
1 Schälchen Walderdbeeren
1 Schälchen Johannisbeeren
1 Zweig Bergbohnenkraut oder Minze

KANN VORAB ZUBEREITET WERDEN

Granita (hält sich im Gefrierfach mehrere Tage, während des Einfrierens mit einer Gabel durchrühren)

Die Erdbeeren mit dem Puderzucker vermischen, etwas Wasser hinzugeben, damit sich beide besser verbinden. Abschmecken und mit etwas Puderzucker nachzuckern, falls die Erdbeeren zu sauer sind. In eine flache Schale füllen und maximal 1 Stunde in das Gefrierfach stellen.

Die Butter in einer Pfanne rasch erhitzen, bis sie zu schäumen beginnt. Aus jeder Scheibe Brioche 2 Rechtecke schneiden. Die Brioche nacheinander in die heiße Butter legen, jeweils mit Vollrohrzucker bestreuen und auf beiden Seiten goldbraun braten.

ANRICHTEN: Eine Scheibe Brioche auf jeden Teller geben und einen schönen Nocken griechischen Joghurt danebenlegen. Die Granita aus dem Gefrierfach nehmen und mit einer Gabel grob durchrühren. Eine Portion Erdbeer-Granita und rote Beeren um Brioche und Joghurt verteilen und mit Bergbohnenkraut oder Minze bestreuen.

VORBEREITUNG: 20 MINUTEN • ANRICHTEN: 15 MINUTEN

Matcha-Erdbeer-Ravioli

KNUSPRIG	CREMIG	FRUCHTIG	BLÜTEN
KNURSPRIGE RAVIOLI	KOKOS-SAHNE, MATCHA-SCHAUM	ERDBEEREN	KORIANDERBLÜTEN

FÜR 4 TELLER

50 ml Milch
1 EL Crème Fraîche
20 g Zucker (10 + 10)
1 gehäufter TL Matcha-Pulver
250 ml gut gekühlte Kokoscrème
500 g Erdbeeren
24 Teigblätter für Wantan (chinesische Teigtaschen)
1 Eiweiß
20 g Vollrohrzucker
einige Korianderblüten

KÜCHENUTENSILIEN

Spritztüte + kleine Rundtülle
Milchschäumer

KANN VORAB ZUBEREITET WERDEN

Crème Chantilly (hält sich gekühlt 5 Stunden)
Ravioli (halten sich im Kühlschrank 5 Stunden)
Matcha-Crème (hält sich ungeschäumt im Kühlschrank 1 Tag)

Die Milch mit der Crème Fraîche und 10 g Zucker erhitzen. Das Matcha-Pulver in die heiße Milch einrühren, bis diese eine schöne, hellgrüne Farbe annimmt.

Die Kokoscrème mit dem Handmixer aufschlagen und den restlichen Zucker dazugeben. Weiter schlagen, bis die Masse eine cremige Konsistenz hat. In einen Spritzbeutel füllen und kaltstellen.

Die Erdbeeren waschen und die Kelchblätter entfernen. Die Teigblätter auf einer Arbeitsfläche ausbreiten. Jeweils eine Erdbeere in die Mitte legen. Das Teigblatt zu einem kleinen Beutel um die Erdbeere schließen. Die Teigtasche mit Eiweiß bestreichen und in Vollrohrzucker wälzen. Die Ravioli bei 180 °C 5 Minuten im Backofen goldbraun backen.

ANRICHTEN: Je 3 Ravioli auf jeden Teller legen. Die halbierten Erdbeeren dazugeben und Kokoscrème in kleinen Tuffs hinzufügen. Die Matcha-Crème mit einem Milchschäumer aufschäumen und den Schaum um die Ravioli geben. Mit einigen Korianderblüten abschließen.

Tipp: Kokoscrème (oder auch Kokosnusscrème) ist im Tetrapack oder in der Dose erhältlich. Man sollte sie nicht verwechseln mit der Cream of Coconut, der noch Wasser und Zucker zugesetzt werden. Verwenden Sie nur die festen Bestandteile und gießen die Flüssigkeit ab, bevor die Kokoscrème aufgeschlagen wird.

VORBEREITUNG: 20 MINUTEN • ANRICHTEN: 15 MINUTEN

Pekannuss-Pie & Bananen

KNUSPRIG	CREMIG	FRUCHTIG	KRÄUTER
PEKANNÜSSE	CRÈME CHANTILLY	BANANEN	KORIANDER

FÜR 4 TELLER
1 Vanilleschote
110 g gut gekühlte Schlagsahne
100 g Mascarpone
20 g Puderzucker
2 Bananen
4 Mini-Bananen
30 g Pekannüsse
einige Korianderblätter
4 Bretonische Salzbutterkekse

DER KARAMELL
70 g Zucker
20 g Butter
100 ml Schlagsahne

KÜCHENUTENSILIEN
Spritztüte + mittelgroße Rundtülle

KANN VORAB ZUBEREITET WERDEN
Crème Chantilly (hält sich im Kühlschrank 5 Stunden)
Bananenkompott (hält sich im Kühlschrank 5 Stunden)
Karamell (wird vor dem Servieren erneut erhitzt)

FERTIG ZU KAUFEN
Karamell
Profi-Sprühsahne statt Crème Chantilly

Die Vanilleschote aufschneiden und das Mark mit einem Messer auskratzen. Die Sahne mit dem Handmixer aufschlagen, bis sie dicklich wird. Zuerst den Mascarpone in kleinen Portionen, anschließend Puderzucker und Vanillemark dazu geben. Eine weitere Minute zu einer glatten, steifen Crème aufschlagen. In eine Spritztüte füllen und kaltstellen.

Die beiden großen Bananen würfeln, mit 3 EL Wasser in einem Kochtopf erhitzen und wie bei einem Kompott leicht weichkochen.

Auf den Zucker in einer Pfanne rasch erhitzen. Ohne zu rühren warten, bis er leicht goldbraun wird. Die Hitze sofort reduzieren, stückchenweise die Butter und die Sahne dazu geben. Zu einem cremigen Karamell verrühren.

ANRICHTEN: Etwas Karamell auf dem Teller verstreichen, 4 Crème-Tuffs aufspritzen, das Bananenkompott, die Mini-Bananen in Scheiben, die Pekannüsse und einige Blätter Koriander darum herum arrangieren. Den Bretonischen Butterkeks zerbröseln und über den Rand verteilen.

Bretonische Butterkekse oder Palets bretons sind sehr mürbe Kekse, die mit Salzbutter gebacken sind und daher einen ganz speziellen Geschmack haben. Man kann sie über Spezialitätenläden im Internet beziehen.

VORBEREITUNG: 30 MINUTEN • ANRICHTEN: 10 MINUTEN

Mango & Kokosnuss

KNUSPRIG	CREMIG	FRUCHTIG	KRÄUTER & BLÜTEN
KOKOSFLOCKEN BAISER	KOKOS-CHANTILLY	MANGO, LIMETTE KOKOSNUSS	BASILIKUM, BORRETSCH

FÜR 4 TELLER

250 ml gut gekühlte Kokoscrème
10 g Puderzucker
1 Kokosnuss
1 reife, schöne Mango
2 Limetten
10 g Puderzucker
1 Basilikumzweig
einige Borretschblüten
1 l Limetteneis

DIE BAISERS

2 Eiweiß
70 g Zucker
70 g Puderzucker
1 Limette

KÜCHENUTENSILIEN

Spritzbeutel + kleine Rund- und kleine Sterntülle
Eisportionierer

KANN VORAB ZUBEREITET WERDEN

Crème Chantilly (hält sich gekühlt 5 Stunden)
Baisers (halten sich in einer luftdicht verschließbaren Dose 1 Woche)
Kokosflocken (halten sich gekühlt 5 Stunden)
Mangostreifen (halten sich gekühlt 5 Stunden)

FERTIG ZU KAUFEN

Baisers
Limetteneis

Für die Baisers das Eiweiß zu sehr steifem Schnee schlagen. Ist der Schnee weiß und fest, den Zucker nach und nach hinzugeben. Dabei 2 Minuten weiterschlagen, bis der Schnee seidig glänzt. Den Puderzucker darübersieben und mit einem Spatel leicht unterheben. Die Limettenschale in die Mischung reiben und unterrühren. Die Masse in einen Spritzbeutel mit Sterntülle füllen und kleine Baiserrosetten auf ein mit Backpapier ausgelegtes Backblech spritzen. 1 Stunde 30 Minuten bei 90 °C trocknen.

Die Kokoscrème aufschlagen, Puderzucker hinzugeben und zu einer cremigen Masse aufschlagen. In eine Spritztüte mit Rundtülle füllen und kaltstellen.

Mit einem Schraubenzieher die 3 kleinen „Augen" der Kokosnuss durchstechen. Das Kokoswasser in ein Glas abgießen (gesundes Getränk). Mit der stumpfen Seite der Klinge eines großen Messers rundherum auf die Schale der Kokosnuss schlagen, bis ein Spalt aufbricht. Ist die Kokosnuss geöffnet, mit einem Sparschäler aus dem Fluchtfleisch Kokosspäne abschälen.

Die Mango schälen und das Fruchtfleisch zu schönen, dicken Streifen schneiden.

ANRICHTEN: Einen Mango-Streifen in die Mitte des Tellers legen. Die Kokosspäne einrollen und zu beiden Seiten verteilen. Mit der Kokoscrème, den Baisers, einigen Borretschblüten, Basilikumblättern und einer Kugel Limetteneis die Lücken auffüllen. Alles mit Limettenabrieb bestreuen …

Tipp: Kokoscrème (oder auch Kokosnusscrème) ist im Tetrapack oder in der Dose erhältlich. Man sollte sie nicht verwechseln mit der Cream of Coconut, der noch Wasser und Zucker zugesetzt werden. Verwenden Sie nur die festen Bestandteile und gießen die Flüssigkeit ab, bevor die Kokoscrème aufgeschlagen wird.

VORBEREITUNG: 10 MINUTEN • ANRICHTEN: 15 MINUTEN

Sabayon an roten Früchten

CREMIG	FRUCHTIG	KRÄUTER & BLÜTEN
SABAYON	ROTE BEEREN, KIRSCHEN	SALBEI, BORRETSCH

FÜR 4 TELLER
250 g Kirschen
500 g Erdbeeren
4 Eigelb
150 g Zucker
4 EL Orangenblütenwasser
500 g Himbeeren
1 Schälchen Walderdbeeren
1 Schälchen Heidelbeeren
1 Schälchen Brombeeren
1 Schälchen Johannisbeeren
150 g Zucker
einige Borretschblüten
frische Salbeiblätter

KÜCHENUTENSILIEN
Handmixer

Die Kirschen und die Erdbeeren waschen. Die Kirschen halbieren und entsteinen. Den Blattkelch der Erdbeeren entfernen und die Früchte vierteln.

Die Eigelbe und den Zucker mit dem Handmixer zu einer weißen, cremigen Masse aufschlagen. In eine Rührschüssel aus Edelstahl geben, das Orangenblütenwasser angießen und die Masse in einem Wasserbad erhitzen. Mit dem Schneebesen 4 Minuten aufschlagen. Die Crème muss dickflüssig, aber glatt sein und soll am Rand kleine Schaumblasen bilden.

ANRICHTEN: Eine Portion Sabayon sofort in einen tiefen Teller gießen und die roten Früchte am Rand auslegen, um einen farblichen Kontrast zu schaffen. Die Borretschblüten und kleine Salbeiblätter über das Obst streuen.

VORBEREITUNG: 30 MINUTEN • ANRICHTEN: 15 MINUTEN

Alles Schokolade

KNUSPRIG	SAFTIG	CREMIG
KNUSPERSCHOKOLADE SCHOKO-CORNFLAKES	BISKUIT	SCHOKO-SCHAUM, GANACHE

FÜR 4 TELLER
50 g Schokolade
20 g Cornflakes
100 ml Milch

SCHOKO-BISKUIT
(Siehe Seite 18)

SCHOKO-GANACHE
50 ml Schlagsahne
50 ml Milch
50 g Tafelschokolade
1 Eigelb
1 TL Zucker
1 Prise Salz

KNUSPERSCHOKOLADE
50 g Mehl
70 g Vollrohrzucker
50 g gemahlene Mandeln
10 g Kakaopulver
2 EL Sesam-Samen
1 Prise Salz
50 g Butter

KÜCHENUTENSILIEN
Milchschäumer

KANN VORAB ZUBEREITET WERDEN
Knusperschokolade (hält sich in einem luftdicht verschlossenen Behälter 3 Tage)
Schoko-Ganache (hält sich gekühlt 3 Tage)
Biskuitteig roh (hält sich gekühlt 5 Stunden)

FERTIG ZU KAUFEN
Cornflakes mit Schokoladen-Überzug (z.B. Schoko-Crossies)
Schoko-Biskuitkuchen

Den Biskuit wie auf Seite 18 beschrieben zubereiten.

Die Schokolade in der Mikrowelle oder im Wasserbad zu einer glatten Crème schmelzen. Die Cornflakes unter die Hälfte der geschmolzenen Schokolade mengen. Die Milch in die andere Hälfte der Schokolade einrühren und vorhalten.

Für die Ganache Sahne und Milch in einen Stieltopf geben und aufkochen. Über die Schokolade gießen, das Eigelb, den Zucker und das Salz hinzufügen und alles zusammen aufschlagen. Kurz erneut erwärmen, damit sich die Zutaten gut verbinden können. Für mindestens 2 Stunden in den Kühlschrank stellen.

Für die Knusperschokolade sämtliche Zutaten in einer Schüssel mischen. Zuletzt die Butter in kleinen Stücken dazu geben. Mit den Fingern zu einem fein bröseligen Teig vermengen. Auf einem mit Backpapier ausgelegten Backblech verteilen und 10 Minuten bei 180 °C backen.

Die mit Milch verdünnte Schokolade wieder erhitzen. Anschließend mit dem Milchschäumer aufschäumen.

ANRICHTEN: Jeweils 3 Häufchen Knusperschokolade auf einen Teller geben. Mit 3 kleinen Ganache-Nocken sowie Stücken vom Biskuitkuchen und einigen Schoko-Cornflakes auffüllen. Zum Schluss den warmen Schokoladenschaum hinzufügen.

VORBEREITUNG: 20 MINUTEN • ANRICHTEN: 10 MINUTEN

Rund um den Rhabarber

KNUSPRIG	CREMIG	FRUCHTIG
STREUSEL, RHABARBER-STREIFEN	GRIECHISCHER JOGHURT	RHABARBER, ERDBEEREN

FÜR 4 TELLER

4 schmale, schön rote Rhabarberstängel
2 EL Rohrzuckersirup
45 g Butter
25 g Zucker
1 Schale Erdbeeren
500 g griechischer Joghurt

STREUSEL

80 g Vollrohrzucker
80 g Butter
80 g Mehl
2 g Meersalz (Fleur de Sel)

KÜCHENUTENSILIEN

Küchenpinsel

KANN VORAB ZUBEREITET WERDEN

Streusel (halten sich in einem luftdicht verschlossenen Gefäß 3 Tage)
Rhabarber-Kompott (hält sich gekühlt 1 Tag)
Rhabarberfäden (halten sich in einem luftdicht verschlossenen Gefäß 1 Tag)

Sämtliche Zutaten für die Streusel mit den Fingern in einer Schüssel zu einer mehr oder weniger feinbröseligen Masse verkneten. Auf einem mit Backpapier ausgelegten Backblech verteilen und 10 Minuten bei 180 °C im Ofen goldbraun backen. Erkalten lassen.

Den Rhabarber waschen und sanft abbürsten. Mit einem spitzen Messer eine Rhabarberstange so abschälen, dass lange Streifen entstehen. Diese Streifen auf ein mit Backpapier ausgelegtes Backblech legen, mit einem Backpinsel mit Rohrzuckersirup bestreichen und 5 Minuten bei 190 °C im Ofen backen, dabei sorgfältig überwachen. Aus dem Ofen nehmen und erkalten lassen. Die übrigen Rhabarberstangen in nicht zu kleine Stücke schneiden. Die Butter in einen Topf geben, erhitzen und leicht hellbraun werden lassen. Die Rhabarberstücke und den Zucker hinzugeben. Vorsichtig umrühren. 10 Minuten köcheln lassen. Anschließend vom Feuer nehmen.

Die Blattkelche der Erdbeeren entfernen. Die Erdbeeren waschen und halbieren.

ANRICHTEN: Eine kleine Portion Streusel auf die rechte Tellerseite legen, eine schön geformte Joghurtnocke abstechen und (eventuell mit etwas Puderzucker bestreut) daraufsetzen. Auf der linken Seite etwas Rhabarberkompott mit Erdbeeren und Rhabarberstreifen dekorieren.

VORBEREITUNG: 15 MINUTEN • ANRICHTEN: 10 MINUTEN

Birne & Vanille

KNUSPRIG	**CREMIG**	**FRUCHTIG**	**KRÄUTER & BLÜTEN**
KARAMELLKEKS	KARAMELL-SAHNE	BIRNE	DILL, PHLOXBLÜTEN

FÜR 4 TELLER

1 Vanilleschote
160 ml Wasser
25 g Zucker
4 kleine Birnen
½ Zitrone
2 gehäufte EL Karamell (siehe Seite 62)
150 g gut gekühlte Schlagsahne
8 Karamellkekse (z.B. Lotus)
einige Dillspitzen
einige Phloxblüten

KÜCHENUTENSILIEN

Spritztüte + mittelgroße Rundtülle

KANN VORAB ZUBEREITET WERDEN

Karamell-Sahne (im Kühlschrank 5 Stunden haltbar)
gewürfelte Birnen (gekühlt 5 Stunden haltbar)
pochierte Birnen (gekühlt 5 Stunden haltbar)
Karamellkeks-Brösel (in einer luftdicht verschlossenen Dose 2 Tage haltbar)

Die Vanilleschote aufschneiden und mit einem Messer das Mark herauskratzen. Das Wasser in einem Topf zum Kochen bringen. Den Zucker und das Vanillemark hineingeben. 5 bis 10 Minuten sprudelnd kochen lassen. Dabei darauf achten, dass die Flüssigkeit auf die Hälfte reduziert wird und eine sirupartige Konsistenz annimmt. Die Birnen schälen, die Kerngehäuse entfernen und die Birnen halbieren. Vier Birnenhälften in den Topf mit Sirup legen und 5 bis 10 Minuten leicht köcheln lassen. Ist die Flüssigkeit zu dick, mit etwas Wasser verdünnen. Die Birnenhälften anstechen: Sie müssen weich sein. Die übrigen vier Birnenhälften klein würfeln und mit dem Saft der halben Zitrone beträufeln. Die Birnenhälften und -würfel kaltstellen.

Einen sämigen Karamell zubereiten (siehe Seite 62). Dann die Sahne mit dem Handmixer 5 Minuten schlagen, bis sie dicklich zu werden beginnt. Den Karamell hinzufügen und auf höchster Stufe mit dem Mixer weiterschlagen. In einen Spritzbeutel füllen und kaltstellen. Die Karamellkekse im Mörser zu feinen Bröseln zerstoßen.

ANRICHTEN: Einige frische Birnenwürfel auf einen Teller geben und eine pochierte Birnenhälfte darüberlegen. Zu beiden Seiten Karamellkeks-Brösel und Karamell-Sahne anrichten. Zum Schluss etwas Sirup von den pochierten Birnen darüber träufeln und mit Dill und Phloxblüten bestreuen.

VORBEREITUNG: 20 MINUTEN • ANRICHTEN: 15 MINUTEN

Ananas an knusprigen Eispralinen

KNUSPRIG	CREMIG	FRUCHTIG	KRÄUTER
KARAMELLKEKS BAISER	VANILLEEIS	ANANAS, LIMETTE	PFEFFERMINZE

FÜR 4 TELLER
4 Karamellkekse (z.B. Lotus)
350 ml Vanilleeis
1 reife Ananas „Victoria"
1 Vanilleschote
25 g Butter
15 g Rohrzucker
1 Limette
einige Pfefferminzblätter

BAISERS
2 Eiweiß
70 g Kristallzucker
70 g Puderzucker

KÜCHENUTENSILIEN
Spritztüte + kleine Rundtülle
Eisportionierer
Gemüsehobel
Zestenreibe

KANN VORAB ZUBEREITET WERDEN
Baisers (halten sich in einem luftdicht verschließbaren Gefäß 1 Woche)
Eiskugeln (halten sich im Gefrierfach 2 Tage)
Ananaskompott (gekühlt in Lebensmittelfolie 5 Stunden haltbar)
Ananasschnitze (halten sich gekühlt unter Lebensmittelfolie 5 Stunden)

FERTIG ZU KAUFEN
Baisers
Vanilleeis

Zuerst die Baisers zubereiten. Dazu das Eiweiß zu steifem Schnee schlagen. Ist der Schnee reinweiß und fest, den Zucker einrieseln lassen und 2 Minuten weiter schlagen, bis der Eischnee seidig glänzt. Den Puderzucker darüber sieben und mit einem Spatel vorsichtig unterheben. In eine Spritztüte füllen und kleine Baisers auf ein mit Backpapier ausgelegtes Blech spritzen. 1 Stunde und 30 Minuten bei 90 °C im Ofen trocknen.

Die Karamellkekse in einem Mörser zu feinen Bröseln zerstoßen. Mit einem Eisportionierer 12 kleine Vanilleeiskugeln ausstechen und sofort in den Karamellkeks-Bröseln wälzen. Ins Gefrierfach geben.

Die Ananas von Blättern befreien, schälen und die holzigen Augen mit einem spitzen Messer entfernen. Acht dünne Scheiben mit dem Gemüsehobel (oder einem Messer) von der Frucht abschneiden, kaltstellen, und das übrige Fruchtfleisch in kleine Würfel schneiden. Die Vanilleschote aufschneiden und das Mark auskratzen. Die Butter mit dem braunen Zucker in einem Topf erhitzen. Beginnt die Mischung zu schmelzen, die Ananaswürfel, das Vanillemark und die Schote hinzufügen. Fünf bis zehn Minuten unter gelegentlichem Umrühren köcheln lassen. Mit der Zestenreibe die Limettenschale abreiben. Die Limette auspressen und den Saft über die gedünstete Ananas geben. Gut unterrühren.

ANRICHTEN: Eine Portion Ananaskompott auf einen Teller geben. Jeweils drei knusprige Eispralinen darauflegen. Eine Kugel aufschneiden, damit die Eisfüllung sichtbar wird. Mit zwei frischen Ananasscheiben und einigen Baisers dekorieren und mit Limettenabrieb und Pfefferminzblättern garnieren.

VORBEREITUNG: 15 MINUTEN • ANRICHTEN: 10 MINUTEN

Terrine von Roter Grütze

KNUSPRIG	CREMIG	FRUCHTIG	KRÄUTER & BLÜTEN
HIPPEN	GRIECHISCHER JOGHURT	ROTE BEEREN, LIMETTE	BERGBOHNENKRAUT

FÜR 4 TELLER

10 g Gelatine
320 ml Wasser
6 EL Preiselbeersirup (wahlweise auch Erdbeer-, Cranberry- oder Granatapfelsirup)
1 große Schale Erdbeeren
1 Schälchen Brombeeren
1 Schälchen Himbeeren
1 Schälchen Johannisbeeren
1 Vanilleschote
300 g griechischer Joghurt
4 Hippen
1 Zweig Bergbohnenkraut

KÜCHENUTENSILIEN

Terrinen- oder Pastetenform aus Silikon
(oder mit Folie ausgelegte Kastenform)

KANN VORAB ZUBEREITET WERDEN

Terrine (hält sich im Kühlschrank 2 Tage)

FERTIG ZU KAUFEN

Hippen

Die Gelatine einige Minuten in kaltem Wasser einweichen. 320 ml Wasser mit dem Preiselbeersirup zum Kochen bringen. Die Gelatine leicht ausdrücken, in die kochende Flüssigkeit geben und fünf Minuten mit einem Holzlöffel einrühren, bis sie sich aufgelöst hat.

Die Erdbeeren waschen, entstielen, große Früchte halbieren; die anderen Beeren im Ganzen (ohne Stiele) in eine Terrinenform geben. (Einige Erdbeeren für die Dekoration und 2 Johannisbeerrispen für die Sauce vorhalten.) Die Form mit Sirup auffüllen, jedocheine kleine Menge im Topf belassen. Die Terrine für mindestens 5 Stunden in den Kühlschrank stellen.

Für die Johannisbeersauce die Vanilleschote aufschneiden und das Mark mit einem Messer auskratzen. Das Mark in den Topf mit dem Rest des Sirups geben. Die Johannisbeeren von den beiden Rispen abzupfen und hinzufügen. Das Ganze unter Rühren leicht reduzieren. Die Terrine aus der Form stürzen, sobald sie fest ist.

ANRICHTEN: Eine Portion von der Fruchtterrine auf einen Teller geben, etwas Johannisbeersauce darüber träufeln (diese kann zuvor erwärmt werden, eventuell mit etwas Wasser verdünnen), eine Nocke aus griechischem Joghurt (siehe Seite 10), eine Hippe in kleinen Stücken, die Erdbeeren, den Limettenabrieb und einige Blättchen Bergbohnenkraut darum herum anrichten.

VORBEREITUNG: 25 MINUTEN • ANRICHTEN: 10 MINUTEN

Sahnewaffeln & Sommerbeeren

KNUSPRIG	CREMIG	FRUCHTIG
WAFFEL, WALNUSS	KARAMELLSAHNE	ERDBEERE, JOHANNISBEERE, HIMBEERE, GRAPEFRUIT

FÜR 4 TELLER

150 ml gut gekühlte Schlagsahne
160 ml Wasser
25 g Zucker
3 schöne Fruchtstände von Johannisbeeren
12 Himbeeren
1 Schale Erdbeeren
Grapefruit, Abrieb von der Schale
20 g Walnüsse
2 gehäufte EL Sahne-Karamell (siehe Seite 62)

DIE WAFFELN

250 g Mehl
30 g Zucker
1 Tütchen Backpulver
1 gestrichener TL Salz
2 Eier
500 ml Milch
40 g Butter

KÜCHENUTENSILIEN

Waffeleisen

KANN VORAB ZUBEREITET WERDEN

Karamellsahne (gekühlt 5 Stunden haltbar)
geschnittene Früchte (halten sich gekühlt 5 Stunden)
Johannisbeer-Himbeer-Kompott (hält sich gekühlt 1 Tag)
gehackte Walnüsse (halten sich in einer luftdicht verschlossenen Dose)

FERTIG ZU KAUFEN

Waffeln
Karamellcrème für die Sahne (z. B. Brotaufstrich von Bonne Maman)

Zuerst den Sahne-Karamell zubereiten (siehe Rezept Seite 62). Dann die Schlagsahne mit dem Handmixer 5 Minuten aufschlagen. Auf höchster Stufe weiter schlagen und dabei den Karamell dazu geben. In einen Spritzbeutel füllen und kaltstellen.

Für das Johannisbeer-Himbeer-Kompott das Wasser mit dem Zucker aufkochen. 5 bis 10 Minuten unter Kochen zu einem Sirup reduzieren. Johannisbeeren und Himbeeren dazugeben. Unter gelegentlichem Umrühren mit einem Holzspatel weiter zu einem dicklichen Sirup reduzieren.

Für die Waffeln werden die trockenen Zutaten gemischt. Anschließend die aufgeschlagenen Eier einrühren. Die Milch nach und nach vorsichtig unter Rühren dazugeben. Die geschmolzene Butter einrühren. Sollte der Teig Klümpchen bilden, durch ein Sieb passieren. Den Teig eine Stunde im Kühlschrank ruhen lassen. Die Waffeln nacheinander in einem gefetteten Waffeleisen backen. Die Erdbeeren entstielen, waschen und schneiden.

ANRICHTEN: Eine schöne Kugel Karamell-Sahne auf einen Teller geben, die Erdbeeren, das Johannisbeer-Himbeer-Kompott und eine halbe Waffel, die gehackten Walnüsse und den Grapefruitabrieb hinzufügen. Sofort servieren.

VORBEREITUNG: 15 MINUTEN • ANRICHTEN: 10 MINUTEN

Himbeeren, Joghurt & Olivenöl

KNUSPRIG	**CREMIG**	**FRUCHTIG**
BAISER	JOGHURT-GRANITA	HIMBEEREN, ORANGE

FÜR 4 TELLER
165 ml Wasser
25 g Zucker
190 g Joghurt, griechische Art
1 TL Zitronensaft
1 Vanilleschote
2 TL Agavensirup
2 EL Olivenöl
250 g tiefgefrorene Himbeeren
25 g brauner Zucker
1 Eiweiß
Abrieb einer unbehandelten Orange

DIE BAISERS
2 Eiweiß
70 g Zucker
70 g Puderzucker

KÜCHENUTENSILIEN
Spritztüte + mittelgroße Rundtülle

KANN VORAB ZUBEREITET WERDEN
Granita (hält sich im Gefrierfach)
Baisers (1 Woche in einem luftdicht verschließbaren Gefäß haltbar)
Vanilleöl (hält sich 1 Tag)

FERTIG ZU KAUFEN
Baisers

Für die Baisers das Eiweiß zu einem steifen, reinweißen Schnee schlagen. Anschließend den Zucker einrieseln lassen und 2 Minuten weiter schlagen, bis der Schnee seidig glänzt. Den Puderzucker darüber sieben und mit einem Spatel vorsichtig unterheben. Die Masse in einen Spritzbeutel füllen und kleine Baisers auf ein mit Backpapier ausgelegtes Backblech spritzen. 1 Stunde 30 Minuten bei 90 °C im Ofen trocknen.

115 ml Wasser mit dem Zucker in einem Topf erhitzen. Hat sich der Zucker aufgelöst, erkalten lassen. In einer Schüssel den Joghurt mit dem Zuckerwasser und dem Zitronensaft mischen. In eine flache Schale füllen und mindestens 1 Stunde in das Gefrierfach stellen.

Die Vanilleschote aufschneiden und das Mark mit einem Messer auskratzen. Das Mark in einer kleinen Schüssel mit einem Teelöffel Olivenöl und Agavensirup vermischen.

Kurz vor dem Servieren die tiefgefrorenen Himbeeren in einem Mixer mit 50 ml Wasser und dem braunen Zucker pürieren. Den Eischnee unterheben. Zu einer glatten Masse aufschlagen. Die Joghurt-Granita aus dem Gefrierfach nehmen und mit einer Gabel grob zerkleinern.

ANRICHTEN: Eine Nocke von der Mischung aus tiefgefrorenen Himbeeren (siehe Seite 10) abstechen und auf einen Teller setzen. Mit 3 Baisers und Joghurt-Granita garnieren. Etwas Vanilleöl und abgeriebene Orangenschale darüber geben.

VORBEREITUNG: 20 MINUTEN • ANRICHTEN: 15 MINUTEN

Kokos-Milchreis & Mango

KNUSPRIG	CREMIG	FRUCHTIG	KRÄUTER
REISHIPPE, CASHEWKERNE	KOKOS-CRÈME, MILCHREIS	MANGO, LIMETTE	MAJORAN

FÜR 4 TELLER

2 reife Mangos
20 g Cashewkerne
1 Limette
1 Zweig Majoran (oder Basilikum oder Minze)

KOKOS-MILCHREIS

150 g Basmatireis
100 ml Wasser
400 ml Kokosmilch
200 ml Kokoscrème
30 g Rohrzucker

KÜCHENUTENSILIEN

Backmatte oder Backpapier

KANN VORAB ZUBEREITET WERDEN

Reishippen (halten sich 1 Tag in einem luftdicht verschlossenen Gefäß)
Milchreis, ohne Kokoscrème (hält sich gekühlt 2 Tage)
geschnittene Mangos (gekühlt vom selben Tag)

Den Basmatireis 10 bis 15 Minuten mit dem Wasser und der Kokosmilch sprudelnd kochen. Der Reis sollte die Flüssigkeit fast völlig aufgenommen haben. Vom Feuer nehmen und vorhalten.

Für die Reishippen 2 gehäufte Esslöffel gekochten Kokos-Milchreis auf ein Backpapier (oder eine Backmatte) streichen. Ein zweites Backpapier darüberlegen. Mit einem Nudelholz gleichmäßig ausrollen. Bei 140 °C 30 Minuten zwischen den Papieren im Ofen backen.

Die Kokoscrème mit dem braunen Zucker 5 Minuten unter ständigem Rühren erhitzen. 2/3 der Crème über den restlichen Milchreis geben und gut einrühren.

Die Mangos schälen und in kleine Würfel schneiden. Die Cashewkerne hacken. Den gebackenen Milchreis aus dem Ofen nehmen und das Backpapier vorsichtig abziehen.

ANRICHTEN: Etwas von der restlichen Kokoscrème auf einen Teller streichen. Einen Löffel Milchreis als Nocke darauflegen und dazu Mangowürfel, Stückchen von der Reiswaffel, etwas Limettenabrieb, gehackte Cashewkerne und Majoranblätter anrichten.

VORBEREITUNG: 20 MINUTEN • ANRICHTEN: 10 MINUTEN

Quarksahne mit Sommerbeeren

KNUSPRIG
LÖFFELBISKUIT

CREMIG
FAISSELLE, SAHNE

FRUCHTIG
ERDBEEREN, HIMBEEREN, JOHANNISBEEREN, LIMETTE

FÜR 4 TELLER

500 g Faisselle (franz. Quark, z.B. von Rians, oder Schichtkäse)
70 ml Wasser
20 g Zucker
250 g rote Beeren (Johannisbeeren, Erdbeeren, Himbeeren)
½ Limette
200 ml gut gekühlte Schlagsahne
1 EL Puderzucker
1 kleiner Biskuitboden

KÜCHENUTENSILIEN

Spritztüte + große Sterntülle

KANN VORAB ZUBEREITET WERDEN

Obstkompott (gekühlt 1 Tag haltbar)
Quarksahne (hält sich gekühlt 5 Stunden)
verarbeitete Erdbeeren (halten sich gekühlt 5 Stunden)

Den Faisselle, einen besonderen französischen Quark, der ungefähr unserem Schichtkäse entspricht, lässt man am Vorabend in einem Sieb abtropfen und stellt ihn dann wieder kühl.

Das Wasser mit dem Zucker 5 Minuten aufkochen. Die Erdbeeren entstielen, waschen und halbieren, Johannisbeeren von den Rispen zupfen. 160 g rote Beeren in den Sirup geben und unter ständigem Rühren zu Kompott einkochen. Die halbe Limette auspressen und den Saft hinzugeben. Das Kompott abkühlen lassen.

Die Schlagsahne mit dem Handmixer 5 Minuten aufschlagen, bis sie andickt. Den Puderzucker dazugeben. Einige Sekunden weiter schlagen. Mit einem Spatel vorsichtig den Quark oder Schichtkäse unter die Schlagsahne heben. Die Quarksahne in einen Spritzbeutel füllen. Aus dem Biskuitboden etwa fingerlange Streifen schneiden.

ANRICHTEN: Eine kleine Menge des Beerenkompotts auf einen Teller geben. Einige frische Beeren darüber streuen, eine Rosette aus Quarksahne daneben spritzen, mit einem Biskuitstreifen garnieren und mit Limettenabrieb bestreuen.

VORBEREITUNG: 15 MINUTEN • ANRICHTEN: 10 MINUTEN

Schnee-Eier (Île flottante)

KNUSPRIG	CREMIG	BLUMEN
GEBRANNTE ERDNÜSSE	EISCHNEENOCKEN	BEGONIE

FÜR 4 TELLER
2 Eiweiß
3 EL Puderzucker
300 ml Englische Crème
40 g gebrannte Erdnüsse
einige Begonienblüten

DER KARAMELL
70 g Zucker
20 g Butter
50 ml Schlagsahne

KANN VORAB ZUBEREITET WERDEN
Karamell (hält sich 1 Woche)

FERTIG ZU KAUFEN
Karamell
Englische Crème (ersatzweise Bayerische Crème)
gebrannte Erdnüsse

Den Zucker auf großer Flamme in einem Stieltopf erhitzen, bis er goldgelb zu werden beginnt. Die Butter unter kräftigem Rühren in kleinen Stücken dazu geben. Anschließend die Schlagsahne einrühren. Abkühlen lassen. Beim Erkalten dickt der Karamell ein.

Die Eiweiße zu einem sehr steifen Schnee aufschlagen. Den Puderzucker hinzufügen und eine Minute weiter schlagen. Etwas Wasser in einem Topf zum Sieden bringen. Vier Eischneenocken abstechen (siehe Seite 10) und eine nach der anderen in das heiße Wasser gleiten lassen. 10 bis 15 Sekunden ziehen lassen. Anschließend herausnehmen und vorhalten.

ANRICHTEN: Eine kleine Portion Englische Crème seitlich in einen tiefen Teller geben. Eine Eischneenocke dazu legen, den Karamell (ist er zu dick geworden, erneut erwärmen) darüber träufeln und mit gehackten, gebrannten Erdnüssen und Begonienblüten bestreuen.

VORBEREITUNG: 25 MINUTEN • ANRICHTEN: 20 MINUTEN

Windbeutel an karamellisierten Nüssen

KNUSPRIG
KARAMELLISIERTE HASELNÜSSE, WINDBEUTEL

CREMIG
KARAMELLSAHNE

FÜR 4 TELLER
110 ml gut gekühlte Schlagsahne
20 g Puderzucker
25 g Zucker
20 g Haselnüsse
12 Windbeutel

DER KARAMELL
70 g Zucker
20 g Butter
50 ml Schlagsahne

KÜCHENUTENSILIEN
Spritzbeutel + mittelgroße und kleine Rundtüllen

KANN VORAB ZUBEREITET WERDEN
Karamell (hält sich 1 Woche)
Karamellsahne (hält sich gekühlt 5 Stunden)

FERTIG ZU KAUFEN
Karamellcrème (eventuell Salzbutter-Karamellcrème verwenden!)
Windbeutel

Für den Karamell den Zucker in einer Pfanne auf großer Flamme erhitzen, bis er Farbe anzunehmen beginnt. Die Butter stückchenweise hineingeben und gut verrühren. Die Schlagsahne angießen. Gut auskühlen lassen. Der Karamell dickt dann etwas an.

Für die Karamellsahne die Schlagsahne mit dem Handmixer 5 Minuten aufschlagen, bis sie andickt. Den Puderzucker hinzufügen und weiter zu einer sämigen Crème aufschlagen. Zwei gehäufte Esslöffel Karamell einrühren und 1 Minute weiter schlagen. In einen Spritzbeutel füllen und kaltstellen.

Für die karamellisierten Haselnüsse wird der Zucker in einer Pfanne auf großer Flamme erhitzt. Beginnt er Farbe anzunehmen, die Haselnüsse hinzugeben. Gut verrühren, bis alle Nüsse mit Karamell überzogen sind. Auf kleiner Flamme weiter rösten.

Mit der Tülle der Spritztüte ein kleines Loch in die Windbeutel stechen und mit Karamellsahne füllen.

ANRICHTEN: Jeweils 3 Windbeutel auf einen Teller setzen. Einen Windbeutel durchschneiden. Einige Häufchen Karamellsahne mit den karamellisierten Haselnüssen um den Rand verteilen und mit dickflüssigem Karamell garnieren.

VORBEREITUNG: 25 MINUTEN • ANRICHTEN: 10 MINUTEN

Schokoladenpastete

KNUSPRIG	CREMIG	KRÄUTER & BLÜTEN
SALZBUTTERKEKSE, KROKANT	SCHOKO-GANACHE, KARAMELLSAHNE	DILL, KORIANDERBLÜTEN

FÜR 4 TELLER

4 bretonische Salzbutterkekse (Palets Bretons)
50 ml Milch
70 g Butter
200 ml Schlagsahne
400 g dunkle Schokolade
30 g milde Salzbutter
50 g Krokant
1 EL Kakaopulver
einige Dillspitzen
einige Korianderblüten

KARAMELLSAHNE

70 g Kristallzucker
20 g Butter
50 ml Schlagsahne + 110 g gut gekühlte Schlagsahne
20 g Puderzucker

KÜCHENUTENSILIEN

Mörser
Spritztüte + große Rundtülle
Silikon-Kastenkuchenform (oder eine Metallform mit Folie auskleiden)

KANN VORAB ZUBEREITET WERDEN

Kuchen (hält sich gekühlt 2 Tage)
Schokoladenmilch (hält sich gekühlt 1 Tag)
Karamellsahne (hält gekühlt 5 Stunden)

Die Salzbutterkekse in einem Mörser zu feinen Bröseln zerstoßen. Die Butter hinzufügen. Mit den Fingern zu einer glatten Masse verkneten. Eine Silikon-Kastenform bis 1 cm unter den Rand damit auskleiden. Mit einem Löffel andrücken. 1 Stunde kaltstellen.

Die Schokolade hacken und in eine Schüssel geben. Die Milch mit der Sahne aufkochen und hinzugeben. Durchrühren, bis eine flüssige, glatte Masse entsteht. Die Kastenform aus der Kühlung nehmen, den Krokant auf dem Bröselteigboden verteilen und die flüssige Schokolade eingießen, jedoch einen Rest zurückbehalten. Den Schokoladenrest mit etwas Milch verdünnen. Die Pastete und die Schokoladen-Milch über Nacht in den Kühlschrank stellen.

Für den Karamell den Zucker in einer Pfanne auf großer Flamme erhitzen, bis er Farbe annimmt. Die Butter in kleinen Stücken unter kräftigem Rühren dazugeben. 50 ml Schlagsahne eingießen. Gut auskühlen lassen. Der Karamell dickt dann leicht an. Für die Karamellsahne die Schlagsahne mit dem Handmixer 5 Minuten schlagen, bis sie andickt. Den Puderzucker hinzufügen und die Sahne weiter zu einer Crème schlagen. 2 Esslöffel des sämigen Karamells dazu geben und 1 Minute aufschlagen. In eine Spritztüte füllen und kaltstellen.

ANRICHTEN: Etwas Schokoladenmilch auf einen Teller streichen, eine Scheibe der Pastete darauflegen, mit Kakaopulver bestäuben, einen Tuff Karamellsahne daneben spritzen und alles mit Dill und Korianderblüten bestreuen.

VORBEREITUNG: 20 MINUTEN • ANRICHTEN: 15 MINUTEN

Zitrusfrüchte & Honig

KNUSPRIG	SAFTIG	CREMIG	FRUCHTIG
HONIGWABE, SESAM	HONIGBISKUIT	CRÈME CHANTILLY	KUMQUAT, ORANGE, GRAPEFRUIT

FÜR 4 TELLER

1 Zitrone
1 Grapefruit
2 Orangen
2 Kumquats
1 Honigwabe (bei Imkern, in Feinkostgeschäften oder im türkischen Supermarkt erhältlich)
1 EL Sesam-Samen

HONIG-BISKUITKUCHEN

15 g Mehl
15 g Zucker
40 g gemahlene Mandeln
15 g Honig
1 Prise Salz
2 Eiweiß

CRÈME CHANTILLY

1 Vanilleschote
110 g gut gekühlte Schlagsahne
100 g Mascarpone
20 g Puderzucker

KÜCHENUTENSILIEN

4 Muffinförmchen aus Papier, flache Gläser, Souffléformen o.ä.

KANN VORAB ZUBEREITET WERDEN

Zitrusfrüchte-Filets (halten sich gekühlt 1 Tag)
Teig für den Biskuit (hält sich gekühlt 5 Stunden)
Crème Chantilly (hält sich gekühlt 5 Stunden)

Für den Honig-Biskuit das Mehl, den Zucker, die gemahlenen Mandeln, den Honig und das Salz in eine Schüssel geben. Die Eiweiße zu einem steifen Schnee aufschlagen und vorsichtig unter die anderen Zutaten heben. Die Papier-Muffinförmchen mit jeweils ¼ des Teigs füllen, eventuell in kleine, flache Gläser stellen, damit sie die Form behalten, und nacheinander 30 Sekunden in der Mikrowelle backen. Abkühlen lassen.

Für die Crème Chantilly schneidet man die Vanilleschote auf und kratzt das Mark mit einem Messer aus. Die Schlagsahne mit dem Handrührgerät 5 Minuten zu einer dicklichen Crème aufschlagen. Den Mascarpone in kleinen Portionen sowie den Puderzucker und das Vanillemark dazu geben. 1 Minute weiter schlagen. Die Crème muss glatt und fest sein. Kaltstellen.

Die Zitrone auspressen. Die Schalen der Orangen abreiben. Die Orangen und die Grapefruit wie auf Seite 9 beschrieben filetieren. Die Kumquats waschen und in dünne Scheiben schneiden.

ANRICHTEN: Stücke vom Honig-Biskuitkuchen auf einen Teller geben. Die Filets der Zitrusfrüchte, die Kumquatscheiben, zwei kleine Nocken der Crème Chantilly sowie kleine Stücke der Honigwabe darum herum anrichten. Auf jedes Wabenstück etwas Zitronensaft träufeln. Mit Sesam-Samen und Orangenschalenabrieb bestreuen.

Tipp: Die Honigwaben werden gekaut, bis sich das Wachs vom Honig trennt. Man kann es mitessen oder auf dem Teller zurücklassen.

VORBEREITUNG: 15 MINUTEN • ANRICHTEN: 15 MINUTEN

Sommerbeeren & Schokolade

KNUSPRIG
STREUSEL, HASELNÜSSE

CREMIG
ERDBEEREIS

FRUCHTIG
ERDBEEREN, HIMBEEREN

FÜR 4 TELLER
2 Schalen Erdbeeren
2 Schalen Himbeeren
einige Haselnüsse
500 ml Erdbeereis

SCHOKOLADEN-STREUSEL
50 g Mehl
70 g Vollrohrzucker
50 g gemahlene Mandeln
10 g Kakaopulver
2 EL Sesam-Samen
1 Prise Salz
50 g Butter

KÜCHENUTENSILIEN
Backpapier
Mörser

KANN VORAB ZUBEREITET WERDEN
Schokoladen-Streusel (halten sich in einem luftdicht verschlossenen Gefäß 3 Tage)

FERTIG ZU KAUFEN
Erdbeereis

Die trockenen Zutaten für die Schokoladen-Streusel in einer Schüssel mit den Fingern mischen, dann die Butter stückchenweise hinzugeben. Anschließend den Teig zwischen den Fingern fein zerkrümeln. Auf einem mit Backpapier ausgelegten Backblech verteilen und 10 Minuten bei 180 °C backen. Abkühlen lassen.

Die Erdbeeren entstielen und waschen. Himbeeren und Erdbeeren halbieren.

Die Haselnüsse im Mörser grob zerstoßen.

ANRICHTEN: Eine kleine Portion Schokokrümel und rote Früchte auf dem Teller verteilen. Eine große Kugel Erdbeereis daraufsetzen und mit Haselnuss-Stückchen bestreuen.

VORBEREITUNG: 15 MINUTEN • ANRICHTEN: 15 MINUTEN

Rund um die Pflaume

KNUSPRIG	CREMIG	FRUCHTIG	KRÄUTER & BLÜTEN
HIPPEN, KARAMELLKEKSE	CRÈME CHANTILLY	PFLAUMEN	DILL, BORRETSCH- UND KORIANDERBLÜTEN

FÜR 4 TELLER

1 Vanilleschote
110 ml gut gekühlte Schlagsahne
100 g Mascarpone
20 g Puderzucker
100 ml Mandelmilch
15 g Kristallzucker
8 Karamellkekse (z.B. Lotus)
1 Schale Pflaumen
8 Hippen
einige Korianderblüten
einige Borretschblüten
einige Dillspitzen

KÜCHENUTENSILIEN

Pürierstab
Mörser

KANN VORAB ZUBEREITET WERDEN

Crème Chantilly (hält sich gekühlt 5 Stunden)
Karamellkeks-Brösel (halten sich in einem luftdicht verschlossenen Gefäß 2 Tage)

FERTIG ZU KAUFEN

Hippen
Profi-Sprühsahne statt Crème Chantilly

Die Vanilleschote aufschneiden und das Mark mit einem Messer ausschaben. Die Schlagsahne mit dem Handmixer 5 Minuten zu einer dicklichen Masse aufschlagen. Nach und nach den Mascarpone, den Puderzucker und das Vanillemark hinzugeben. 1 Minute weiter schlagen, bis die Crème glatt und fest geworden ist. In einen Spritzbeutel füllen und kaltstellen.

Die Mandelmilch mit dem Zucker erhitzen und gut mischen. Die Karamellkekse in einem Mörser grob zerkleinern. Die Pflaumen waschen, halbieren und entsteinen.

Kurz vor dem Servieren die gezuckerte Mandelmilch mit einem Pürierstab aufschäumen.

ANRICHTEN: Karamellkeks-Brösel auf einem Teller verteilen. Tuffs von Crème Chantilly daraufspritzen. Die Pflaumenhälften dazu anrichten und Bruchstücke von Hippen in die Crème stecken. Anschließend mit einigen Koriander- und Borretschblüten sowie mit Dillspitzen garnieren. Mit einem Teelöffel den Mandelschaum um die Crèmetupfer geben. Sofort servieren.

Tipp: Sind die Pflaumen zu sauer, kann man sie zuvor in etwas Rohrzuckersirup einlegen.

VORBEREITUNG: 30 MINUTEN • ANRICHTEN: 15 MINUTEN

Maronen an Maronencrème und Sahne

KNUSPRIG	CREMIG	FRUCHTIG
BAISER	CRÈME CHANTILLY, MARONENCRÈME	ESSKASTANIEN

FÜR 4 TELLER

110 ml gut gekühlte Schlagsahne
100 g Mascarpone
10 g Puderzucker
1 Vanilleschote
50 ml Wasser
100 g Kristallzucker
8 große, vorgegarte Maronen aus dem Glas (oder aus der Vakuumpackung)
1 Tube Maronencrème

BAISERS

2 Eiweiß
70 g Zucker
70 g Puderzucker

KÜCHENUTENSILIEN

Spritztüte + mittelgroße Sterntülle + kleine Rundtülle

KANN VORAB ZUBEREITET WERDEN

Baisers (halten sich in luftdicht verschlossenen Gefäßen 3 Tage)
Crème Chantilly (hält sich gekühlt 5 Stunden)

FERTIG ZU KAUFEN

Profi-Sprühsahne statt Crème Chantilly
Baisers

Für die Baisers das Eiweiß zu sehr steifem Schnee schlagen. Ist der Schnee reinweiß und fest, den Zucker einrieseln lassen und 2 Minuten weiter schlagen, bis die Masse seidig glänzt. Den Puderzucker durch ein Sieb streichen und darüberstäuben. Anschließend mit einem Spatel vorsichtig unterheben. Die Masse in eine Spritztüte mit Rundtülle füllen und kleine Baisers auf ein mit Backpapier ausgelegtes Backblech spritzen. 1 Stunde 30 Minuten bei 90 °C im Ofen backen.

Die Schlagsahne in eine Schüssel füllen. Auf höchster Stufe mit dem Handmixer zu einer dicklichen Crème aufschlagen. Portionsweise den Mascarpone und schließlich den Puderzucker dazu geben. Erneut zu einer festen, glatten Crème weiter aufschlagen. In einen Spritzbeutel mit Sterntülle füllen und kaltstellen.

Die Vanilleschote aufschneiden und das Mark mit einem scharfen Messer auskratzen. Das Wasser mit dem Zucker, dem Vanillemark und der Vanilleschote aufkochen. Anschließend 5 Minuten kochen lassen und die Flüssigkeit zu einer sirupartigen Masse reduzieren. Die leere Schote entfernen. Die Maronen in den Sirup geben, darin wälzen und vorhalten.

ANRICHTEN: Mit der Crème Chantilly Rosetten auf einen Teller spritzen, kleine Maronencrèmetupfer direkt aus der Tube und einige Baisers dazwischensetzen. Die Maronen aus dem Sirup nehmen und ebenfalls auf den Teller geben.

Tipp: Ersetzen Sie die vorgegarten Maronen aus dem Glas oder der Vakuumpackung in der entsprechenden Saison durch Marrons glacés (kandierte Maronen). Diese benötigen keinen Sirup mehr.

VORBEREITUNG: 20 MINUTEN • ANRICHTEN: 10 MINUTEN

Blätterteig, Feigen & Vanille

KNUSPRIG
BLÄTTERTEIG

CREMIG
CRÈME VANILLE

FRUCHTIG
FEIGEN

FÜR 4 TELLER
150 ml Schlagsahne
20 g Puderzucker
1 Packung Blätterteig
12 Feigen
1 EL Puderzucker
2 EL Vanillesirup (siehe Seite 11)

VANILLECRÈME
1 Vanilleschote
80 g Zucker
3 Eier
500 ml Milch
50 g Maisstärke

KÜCHENUTENSILIEN
Spritztüte + mittelgroße Rundtülle

KANN VORAB ZUBEREITET WERDEN
Vanillecrème (hält sich gekühlt 1 Tag)

FERTIG ZU KAUFEN
Blätterteig

Für die Vanillecrème die Vanilleschote aufschneiden und das Mark mit einem Messer auskratzen. Den Zucker mit den Eiern in einer Schüssel zu einer weißlichen Masse aufschlagen. Die Milch mit dem Vanillemark und der Vanilleschote erhitzen. Die Schote herausnehmen. Die Milch zu der Eimasse geben, gut umrühren und in den Topf zurückgießen. Die Maisstärke einrühren und die Flüssigkeit unter ständigem Rühren erhitzen, bis sie zu einer Crème eindickt. In einen Behälter gießen und abkühlen lassen.

Die Schlagsahne in einer Schüssel mit dem Handmixer aufschlagen. Sobald die Crème Volumen annimmt, portionsweise 20 g Zucker einrieseln lassen, bis die Crème steif ist. Die erkaltete Vanillecrème vorsichtig unter die gezuckerte Schlagsahne heben. In eine Spritztüte füllen und kaltstellen.

8 Rechtecke (ungefähr 12 cm x 5 cm) aus dem Blätterteig zuschneiden. Auf ein mit Backpapier ausgelegtes Backblech legen. Mit Backpapier bedecken und mit einem dünnen Blech beschweren. 10 Minuten bei 190 °C goldbraun backen. Die Ränder von 4 Blätterteigrechtecken glatt abschneiden und die übrigen 4 Rechtecke in schmale Streifen schneiden.

Die Feigen waschen und halbieren.

ANRICHTEN: Vanillecrème-Rosetten auf einen Teller spritzen. Die Feigen hinzufügen. Blätterteigstreifen dazwischenlegen und ein Rechteck aus Blätterteig darüberdecken. Mit einem kleinen Sieb etwas Puderzucker darüberstäuben und mit Vanillesirup glasieren.

VORBEREITUNG: 20 MINUTEN • ANRICHTEN: 5 MINUTEN

Variation eines Pfirsich-Crumbles

KNUSPRIG	CREMIG	FRUCHTIG	KRÄUTER & BLÜTEN
STREUSEL	CHANTILLY	WEINBERGPFIRSICHE	ZITRONENVERBENE, MAJORAN, KORIANDER

FÜR 4 TELLER

55 ml gut gekühlte Schlagsahne
2 Zweige Zitronenverbene
50 g Mascarpone
10 g Puderzucker
4 reife Weinbergpfirsiche
einige Blätter Majoran
einige Blätter Koriander

SIRUP

330 ml Wasser
50 g Zucker

STREUSEL

80 g Mehl
80 g Butter
80 g Rohrzucker
2 g Meersalz (Fleur de Sel)

KÜCHENUTENSILIEN

Spritztüte + große Sterntülle

KANN VORAB ZUBEREITET WERDEN

Streusel (halten sich in einem luftdicht verschlossenen Gefäß 5 Stunden)

Crème Chantilly (hält sich gekühlt 5 Stunden)

FERTIG ZU KAUFEN

Profi-Sprühsahne (ohne Zitronenverbene)

Sämtliche Zutaten für die Streusel mit den Fingern in einer Schüssel vermengen und zu einem feinbröseligen Teig verkneten. Die Brösel auf einem mit Backpapier ausgelegten Blech verteilen. 10 Minuten bei 180 °C im Ofen goldbraun backen. Erkalten lassen.

Die Sahne mit einem Stängel Zitronenverbene 2 Minuten erhitzen – nicht kochen. Abdecken und mindestens 1 Stunde abkühlen lassen. Den Kräuterzweig entfernen. Die Crème mit einigen Blättern Verbene mit dem Handmixer 5 Minuten zu einer dicklichen Masse aufschlagen. Den Mascarpone in kleinen Portionen mit dem Puderzucker nach und nach dazugeben. 1 Minute weiter schlagen, bis die Crème fest geworden ist. In eine Spritztüte mit Sterntülle füllen und kalt stellen.

Das Wasser mit dem Zucker zu einem Sirup einkochen. Die Pfirsiche waschen, schälen, halbieren und entsteinen. In den Sirup legen und 5 Minuten leicht köcheln lassen, ohne dass die Pfirsiche karamellisieren (zu diesem Zweck bei Bedarf etwas Wasser nachfüllen).

ANRICHTEN: Eine oder zwei schöne Pfirsichhälften auf einen Teller geben. Eine Rosette Crème Chantilly danebenspritzen und mit Streuseln garnieren. Mit einigen Blättchen Zitronenverbene, Majoran oder Koriander bestreuen.

Tipp: Die Weinbergpfirsiche können auch durch weißfleischige Pfirsiche ersetzt werden.

VORBEREITUNG: 20 MINUTEN • ANRICHTEN: 15 MINUTEN

Variation einer Zitronentarte

KNUSPRIG	CREMIG	FRUCHTIG
STREUSEL, KARAMELLISIERTE ZESTEN	ITALIENISCHES BAISER	ZITRONE

FÜR 4 TELLER

ZITRONENCRÈME

1 Bio-Zitrone
2 Eier
90 g Zucker
25 g Maisstärke
60 g Butter

ITALIENISCHES BAISER

1 Eiweiß
40 ml Wasser
100 g Zucker

STREUSEL

80 g Mehl
80 g Butter
80 g Rohrzucker

KÜCHENUTENSILIEN

Spritztüte + große Sterntülle + mittelgroße Rundtülle

kleiner Bunsenbrenner für die Küche

KANN VORAB FERTIGGESTELLT WERDEN

kandierte Zitronenzesten (halten sich bei Raumtemperatur 1 Tag)

italienisches Baiser (hält bei Raumtemperatur 3 Stunden)

Streusel (halten sich in einer luftdicht verschlossenen Dose 3 Tage)

Die Zutaten für die Streusel in einer Schüssel mit den Fingern vermengen und zu einem feinkrümeligen Teig verarbeiten. Den Bröselteig auf einem mit Backpapier ausgelegten Backblech verteilen. 10 Minuten bei 180 °C goldbraun backen. Abkühlen lassen.

Die Zitronencrème zubereiten. Dazu mit einem Zestenschneider schmale Zesten von der Zitrone reißen. Die Zitrone anschließend auspressen. Die Eier mit dem Zucker zu doppeltem Volumen aufschlagen. Die Maisstärke unterheben und den Zitronensaft angießen. Unter Rühren erhitzen. Mit der stückchenweise dazu gegebenen Butter zu einer dicklichen Crème verrühren. Kalt werden lassen und in eine Spritztüte mit Rundtülle füllen.

Für das Italienische Baiser das Eiweiß zu steifem Schnee aufschlagen. Das Wasser mit dem Zucker 5 Minuten erhitzen. Den Sirup in einem feinen Strahl bei laufendem Mixer darübergeben (dabei einen Bodensatz Sirup im Topf lassen). 10 Minuten weiter schlagen. Die Masse nimmt dabei das doppelte Volumen an und wird glatt und glänzend. In eine Spritztüte mit Sterntülle füllen.

Die Zitronenzesten in den Topf mit dem restlichen Sirup geben und karamellisieren. Anschließend die Zesten herausnehmen und vorhalten.

ANRICHTEN: Eine schöne Baiser-Rosette und einige Häufchen Zitronencrème auf einen Teller spritzen. Mit Streuseln und karamellisierten Zesten garnieren. Mit einem kleinen Bunsenbrenner das Baiser leicht abflammen.

VORBEREITUNG: 15 MINUTEN • ANRICHTEN: 15 MINUTEN

Pistaziengebäck & Beerenfrüchte

KNUSPRIG	SAFTIG	CREMIG	FRUCHTIG
GEHACKTE PISTAZIEN	RÜHRKUCHEN	MANDELMILCHEIS	BEERENFRÜCHTE

FÜR 4 TELLER

40 g Brombeeren (+ einige einzelne Früchte für die Dekoration)
20 ml Rohrzuckersirup
1 Schale Himbeeren
1 Schale Erdbeeren
15 g ungesalzene Pistazien
500 ml Mandelmilcheis (ersatzweise Marzipan- oder Pistazieneis aus der Eisdiele)

PISTAZIEN-GEBÄCK

60 g Butter
25 g Mehl
25 g gemahlene Mandeln
70 g Puderzucker
2 Eiweiß
1 gehäufter TL Pistazienpaste (Feinkostläden oder Naturkost)

KÜCHENUTENSILIEN

kleine Kastenform
Mörser

KANN VORAB ZUBEREITET WERDEN

Pistazien-Mandelgebäck (hält in einer luftdicht verschlossenen Dose 1 Tag)
Brombeercrème (hält gekühlt 1 Tag)
geschnittene Beeren (halten gekühlt 2 Stunden)
gehackte Pistazien (halten 1 Tag)

FERTIG ZU KAUFEN

Pistazien-Mandelgebäck (Financiers)

Für das Pistazien-Mandelgebäck wird die Butter in einer Pfanne erhitzt, bis sie eine goldgelbe Farbe angenommen hat. Das Mehl mit den gemahlenen Mandeln und dem Puderzucker vermischen. Das Eiweiß mit dem Schneebesen leicht schaumig schlagen. Die geschmolzene Butter und den Eiweißschaum unter die Mehl-Mandel-Mischung heben und gut verrühren. Die Pistazienpaste einrühren. Die Mischung in die kleine Silikon-Kastenform (oder in kleine gebutterte und bemehlte Formen) füllen und 10 Minuten bei 210 °C im Ofen backen. Das Gebäck sollte eine goldbraune Kruste bilden.

40 g Brombeeren in dem Rohrzuckersirup pürieren. Die Mischung durch ein feinmaschiges Sieb passieren, um die Kerne zu entfernen. Vorhalten. Die Erdbeeren entstielen, waschen und halbieren. Die Himbeeren und die restlichen Brombeeren ebenfalls einmal durchschneiden. Die Pistazien im Mörser grob zerstoßen.

ANRICHTEN: Einen gehäuften Esslöffel des dickflüssigen Brombeersirups auf einen Teller geben. Ein Stück Mandelgebäck darauflegen. Eine Nocke vom Mandelmilcheis abstechen (siehe Seite 10) und dazu geben. Die Beeren verteilen und alles mit Pistaziensplittern bestreuen.

VORBEREITUNG: 20 MINUTEN • ANRICHTEN: 15 MINUTEN

Variation eines Tiramisus

KNUSPRIG
LÖFFELBISKUIT

CREMIG
MASCARPONE-CRÈME,
SCHOKO-TRÜFFEL

FÜR 4 TELLER

250 g Mascarpone
50 g Zucker
½ TL Vanilleextrakt
200 ml gut gekühlte Schlagsahne
1 Tafel Schokolade
100 g Butter
4 EL Kakaopulver
1 Biskuitboden
2 Espressos
2 EL Rohrzuckersirup

KÜCHENUTENSILIEN

Spritzbeutel + Saint-Honoré –Tülle
Rechteckige Form

KANN VORAB ZUBEREITET WERDEN

Mascarponecrème (hält gekühlt 1 Tag)
Schoko-Trüffel (halten sich gekühlt 3 Tage)
Garnitur (hält sich im Kühlschrank 1 Tag)

FERTIG ZU KAUFEN

Schoko-Trüffel

Den Mascarpone mit einem Löffel glattrühren und den Zucker mit dem Vanilleextrakt untermischen. Die Sahne mit dem Handmixer 5 Minuten aufschlagen, bis sie andickt. Die Mascarpone-Mischung behutsam unter die Schlagsahne heben und einrühren. In eine Spritztüte mit Saint-Honoré-Tülle füllen und über Nacht in den Kühlschrank legen.

Für die Schoko-Trüffel die Schokolade grob hacken und im Wasserbad schmelzen. Die Butter einrühren. Die Masse in eine rechteckige Form gießen. Abdecken und 1 Stunde zum Aushärten in das Gefrierfach stellen. 3 Esslöffel Kakaopulver auf einen Teller geben. Kleine Quadrate aus der harten Schokomasse schneiden und darin wälzen. Erneut 1 Stunde kaltstellen.

Aus dem Biskuitboden 8 fingerlange Streifen schneiden. Die 8 Biskuits umdrehen und auf der ganzen Länge mit Vanillecrème garnieren. Die doppelten Espressos in den Rohrzuckersirup rühren, so dass die Mischung eine glatte, sämige Textur annimmt.

ANRICHTEN: Einen gehäuften Esslöffel Kaffeesirup auf einen Teller geben. Zwei mit Vanillecrème garnierte Biskuitstreifen darauflegen. Einige Schoko-Trüffel dazugeben und durch ein feinmaschiges Sieb alles mit Kakaopulver bestäuben.

Tipp: Dieses Dessert kann bereits einige Stunden vor dem Servieren fertig zubereitet werden. Damit die Löffelbiskuits weich bleiben, werden sie mit Lebensmittelfolie abgedeckt. Zum Schluss müssen die Teller nur noch mit Kakaopulver bestreut werden.

Index nach Zutaten

Danksagung

Mein Dank gilt Emmanuel und Rose Marie für das in mich gesetzte Vertrauen,
Pauline für die intensive Arbeit an den Rezepten,
ich bin glücklich, dass wir diese Arbeit gemeinsam beenden konnten,
Tiphaine, für ihre stets positive Einstellung, auch wenn sich gelegentlich alles „querzustellen" schien,
Émilie, Maiwenn, Claire dafür, dass sie mich bis zum Schluss unterstützt und fest an dieses Werk geglaubt haben,
Cécile, Frédéric, Natacha für ihre Arbeit.

Weiteres von der Autorin ist unter **www.griottes.fr** zu finden.

VERLAGSGRUPPE PATMOS

PATMOS
ESCHBACH
GRÜNEWALD
THORBECKE
SCHWABEN

Die Verlagsgruppe
mit Sinn für das Leben

Für die Verlagsgruppe Patmos ist Nachhaltigkeit ein wichtiger Maßstab ihres Handelns. Wir achten daher auf den Einsatz umweltschonender Ressourcen und Materialien.

Aus dem Französischen von Christine Frauendorf-Mössel

www.thorbecke.de

Umschlaggestaltung: Finken und Bumiller, Stuttgart
Fotografie und Gestaltung: Èmilie Guelpa
Satz: Schwabenverlag AG, Ostfildern
Gedruckt in China
ISBN 978-3-7995-1212-1